用經濟學看愛情

金錢 情感 與 人生 的微妙平衡

何紅旗 著

解構單身族群帶來的經濟效益，挖掘獨立生活中的金錢智慧與商機

單身族群逐漸成為影響經濟的新勢力
單身不再是短暫過渡的人生階段
跳脫舊有的財務框架，掌握個人經濟優勢
以最小的成本獲得最大的回報，運用有限的資源，創造無限的可能

目錄

目錄

第五章
想當單身貴族，先從理財做起

第六章
透過消費實現個人價值的提升

目錄

第七章
偉大是需要時間累積而來的

附錄

序言　單身經濟崛起

截止 2015 年，光是中國的單身人口就達到 2 億。雖然在人口比例上遠低於美國的 50%，只占中國總人口的 14%，但是因為總量大，仍然成為一股不可忽視的力量。調查數據顯示，在中國單身群體中，10% 以上的人每月可支配收入 8,000 元人民幣以上，其中 7% 以上的單身女性年收入超過 20 萬元，是典型的單身貴族。

與家庭消費結構不同，單身一族的儲蓄意願偏低，具有強大的消費能力。隨著單身人群逐年壯大，市場中形成了一部分相對固定、有相同特徵的消費族群，並促進了相關產業及服務行業的發展，由此催生了單身經濟迅速崛起。

事實上，「單身經濟」這一概念，最早由西方經濟學家 F.T.Mc Carthy 在《經濟學人》上提出，主要針對在廣告業、出版業、娛樂業和媒體業工作以及消費其產品的單身女性。不同於傳統的被動單身者，她們在思想觀念上發生了顛覆性變化 —— 為了享受生活而主動選擇單身。

這些單身女性具有強烈的自我意識，收入不菲，比其他階層更願意消費，對時髦、新奇的產品和服務一擲千金。深入研究可以發現，新時代單身女性的崛起得益於社會進步和女性地位的提升。越來越多的女性透過工作實現經濟獨立，不需要以婚姻為代價換取生存，離開男人也能生活得很好。當婚姻不再成為唯一選項，她們把注意力轉移到升職、化妝、美食、娛樂等方面，展示出強大的消費能力。

序言　單身經濟崛起

　　與男人相比，女人更感性，因此在購物中會聽從感覺和情緒的驅使超前消費、額外消費。單身女人更愛自己，也更心疼自己，加上青春消逝帶來的恐懼感，促使她們毫不吝嗇地購買昂貴的化妝品、時裝，甚至一次性付款買車、買房。「單身經濟」催生了巨大利潤，刺激著更多商人投入到這股掘金熱潮中來。

　　今天，日益龐大的單身群體在經濟層面形成了巨大的消費潛力，吸引了廣大商家的目光。在許多大城市，單身經濟已在消費、投資、文化等領域全面開花。

　　2017 年 5 月，知名零售購物網站釋出的《2016 年消費報告》顯示，平臺上的單人份商品市場供應同比增加 5.6 倍、消費增加 2.2 倍。其中，迷你洗衣機的成交總額約 10 億元，迷你榨汁機的成交總額約 1.9 億元。此外，在 30 到 40 歲人群中，大約 40% 的人選擇獨自看電影。

　　在休閒活動中，國內超過 50% 的單身男女最愛旅行。與已婚人士相比，單身人士更喜歡觀光並體驗旅遊目的地的文化。這或許可以解釋，保持單身的人有更多自由時間，能夠真正來一場「說走就走」的旅行。

　　沒有人忘記，2009 年 11 月 11 日，知名網購平臺恰恰是用「光棍節」做為行銷噱頭，開啟了「雙十一」這個震撼全球零售業的網路購物大狂歡。單身經濟方興未艾，蘊藏著無限商機。比如，商家可以聚焦垂直領域：一人遊、一人 KTV、婚介服務等，可以瞄準針對單身人群的服務類別與服務職位，可以抓住單身經濟中的需求變化滿足特定需要……

　　本書不僅聚焦單身經濟蘊藏著哪些商機，生產者與服務者應該從哪些方面淘金，而且從經濟學角度剖析了單身男女為何選擇單身，有哪些獨特的消費行為，以及如何投資理財才能避免因為過度消費導致財務赤字。

可以肯定的是，在今後很長一段時間裡，選擇單身的人會越來越多。究竟是單身潮流改變了商業，還是商業的豐富便利促成了單身的流行？翻開本書，相信你一定可以在趣味閱讀中找到想要的答案。

第一章
理性的選擇，從效用的角度看待單身

　　個體消費與家庭消費決策邏輯不同，帶來不同的生存體驗、商業結果。在家庭中，消費決策基本需要各方妥協，無法在最大程度上滿足個體需求。單身人士無疑更愛自己，也能對自己更好一點。

奢侈品：從價值萬元的手提包談起

消費的另一個重要目的是給他人留下印象，也稱之為「炫耀性消費」。消費者花錢是為了讓他們的朋友及鄰居嫉妒，以及跟上其朋友及鄰居的消費水準。

有人會花一萬塊錢，買一個名貴的手提包。在普通人看來，這種做法的確夠奢侈。要知道，CP 值和品味不輸的可替代產品實際是很多的。

看著有錢人輕描淡寫地把奢侈品 [01] 買回家，難免讓人心生嫉妒。其實再深入地想想，你也許會恍然大悟：所謂「美好」生活，其實就是擁有比別人成本更高的生活，前提是這種消費水準在你的承受範圍內。

丹妮結婚 2 年了，每月近萬元的家庭收入足夠支撐她跟老公的幸福了。但是，每次與單身閨密藍莓逛街購物的時候，她都忍不住斥責對方花錢太厲害。

比如，藍莓在一件上衣上的投入，就相當於丹妮家裡那臺彩色電視機的價格了，這讓後者有點無法接受。不過藍莓從來都不會覺得價格貴，她甚至抱怨自己的衣服太少了。

有一次，藍莓瘋狂採購，從衣服到首飾到化妝品，總怕虧待了自己。而丹妮則在旁邊不停地抱怨，把每一件奢侈品與家裡的實用器物進行價格換算與類比：微波爐、烤箱、沙發、冰箱……她無法想像，當自

---

[01]　奢侈品（Luxury）在國際上被定義為「一種超出人們生存與發展需要範圍的，具有獨特、稀缺、珍奇等特點的消費品」，又稱為非生活必需品。

己提了一個限量版的 LV 走在路上，相當於提了一臺液晶電視的時候，很難不產生罪惡感。

藍莓可不這麼看，她有自己的想法：「把錢花在自己身上，總是讓人高興的事情。一個女人，千萬要善待自己，尤其是單身的時候。」

這時候，丹妮總會以過來人的身分教訓不諳世事的好姐妹：「錢還是省著點花吧，趕快把自己嫁了，學會精打細算地過日子。」

然後，藍莓開始發表她那段著名的高論：「一個人的生活也挺好，華服美食，想買什麼都可以；夏威夷普吉島，想去哪裡即刻動身；親朋好友眾多，自然也可以夜夜笙歌；如果嫌膚淺無聊，還有大把的好書、音樂會、電影隨時可以去看……我為什麼非要哭著喊著找一個男人嫁了呢？」

一位情感坎坷的獨身者說過這樣一段話：「在這個世界上，我們會有許多愛的人，也有許多愛自己的人。但是，真正懂得你的內心，並善待你的人，只有你自己。換句話說，對你最好的人，只能是你自己。」

許多年輕人和藍莓一樣，每天辛苦打拚，同時也追求美好而精緻的生活。在財富自由的基礎上，他們更懂得對自己好一點，呈現出高收入、高消費等特徵。在美好的青春時光裡，這些單身者擁有更大程度上的身心與財富自由，在某種程度上實現了經濟學上的效用最大化。

在物質上犒勞自己，毫不吝嗇地花 4 萬元買一個手提包，說到底是善待自己的表現。毫無疑問，奢侈品無論從經濟、品味、個性上，都能最大程度上帶來身心的愉悅。萬元一個的手提包足夠奢華，並且這種尊貴的價值「顯而易見」，能為主人帶來榮耀。

從珠寶品牌卡地亞、蒂芙尼、ENZO、OXette 到皮具品牌路易·威登、CHANEL、迪奧、GUCCI，從名錶品牌歐米茄、積家、伯爵、江詩丹頓到化妝品牌嬌蘭、蘭蔻、嬌韻詩、雅詩蘭黛，許多高收入單身人士

毫不猶豫地在物質上給予自己最好，讓人生不斷衝擊新高度。

由此不難理解，在城市裡擁有高收入、高學歷的不少男女，寧可做孤獨的夜歸人，也不急於給自己找到另一半，把自己鎖緊圍城裡。經濟效用的最大化，生活空間上的自由化，以及由此帶來的人生快感，才是他們選擇單身的根本原因。

對已婚者來說，財務、空間上的自由是昂貴而奢侈的。一個普通的家庭主婦，不會把一個月的家庭開支費用拿來購買法國香水，而這恰恰是單身者的權利。

從經濟學角度分析，單身是一種奢侈的追求。這種選擇主要基於以下幾種因素：

● 條件優秀的人更容易選擇單身

一項婚介調查報告顯示，條件普通的女子往往早早出嫁，為的是提高自己的生活品質。大齡單身女子往往是三高人群 —— 學歷高、素養高、薪資高，所以並不急於靠婚姻改變生活狀態。因此，條件優秀的人更容易選擇單身，這對男女都適合。

● 保持單身是為了展現績優股的價值

如果把婚姻當作是股份制公司，那麼結婚就是資產重組的過程。兩個並不強大的公司可能會選擇合併，謀求在穩定中發展的道路。而優秀的單身男人或女人是績優股，一枝獨大的現實讓他們覺得不急於尋找合作夥伴，還有的人擔心重組之後優良資產被剝離。

● 為了享受更美好的生活而單身

毫無疑問，婚姻生活需要更多投入。一個人畢業後經過幾年奮鬥，剛有點財富自由就結束單身生活，意味著要承擔更多的家庭責任，要扮演父親、母親的角色。這會讓許多人感覺不爽。為了追求個人生活空間的自由，為了享受更多物質生活的奢華，他們暫時選擇了單身。比如，有的女人不想過早捲進平庸主婦的瑣碎生活，推遲了結婚年齡。

【經濟學解讀】...

單身的男女，常常被冠以「單身貴族」的稱號。今天，恐怕用「奢侈品」這個經濟學詞彙來形容，才更合適。

奢侈品，是指超出我們生存與發展需要範圍的，具有獨特、稀缺、珍奇等特點的消費品。從經濟學來看，奢侈品實質是一種上等消費行為。

那些到了結婚年齡，而且物質條件不錯的男女，仍然維持單身生活，在他人看來也是在追求一種奢侈品：奢華的物質享受，自由的個人空間。

婚姻需要大量的投入

我們在享受燈光、電暖、安全、教育、閱讀的時候，沒有意識到別人為此有所付出，就是無知。

如果把男女之間的感情交往比喻成購買日用消費品，那麼婚姻就是購買耐用消費品。顯然，後者需要更多資金投入，成本也更大。為此，當事人在進行選擇或做出決策的時候會更慎重。

婚姻生活需要很大投入，包括時間投入、資金投入，以及喪失某些個人自由。而且，無論男人或女人在茫茫人海中搜尋中意的另一方，還要付出必要的搜尋費用；找到合適的交往對象之後還要支付交往費用。相比單身的財富自由、個人空間大，有的人會在婚姻門前猶豫不決。

● 結婚的成本偏高，推遲了一些人的結婚年齡

結婚不是兩個人的事，而是兩個家族的融合。除了完成傳宗接代的任務，傳統婚姻還承擔著經濟使命，是具有社會意義的大事。這直接導致結婚高成本，彩禮、辦桌、買房子、置辦家具等缺一不可。

傳統婚姻講究門當戶對，有錢有勢人家一般不娶窮人家的女子為妻。並且，這種指令型婚姻的交易費用主要是彩禮[02]。對女方來說，拒絕彩禮意味著自降身價，會有失顏面；站在男方的角度看，彩禮的高低

---

[02]　彩禮，中國舊時婚禮程序之一，又稱訂親財禮、聘禮、聘財等。

顯示著一定誠意。這種心理契約與婚姻風俗流傳至今，無疑增大了普通家庭的結婚成本。

生活中，儘管一些年輕男女以兩情相悅為婚姻基礎，因愛成婚也極大地提高了婚姻生活的幸福指數。但是，雙方在心理上仍然會將物質條件作為重要的參考指標，即便當事人不放在心上，背後的兩個家庭也會十分看重。

顯然，金錢能夠在關鍵時刻為愛情加分，製造浪漫和快樂，讓雙方的關係更進一步。但是，金錢也有著冰冷的外表，讓愛情和婚姻變得有點功利。對男方來說，如果經濟實力不足，或者短期內無法有較大財力提升，無論與心愛的人步入婚姻殿堂，還是展開一段戀情，都會顯得心有餘而力不足。受此影響，那些財力匱乏的男性因為婚戀的交易費用高昂進入單身的行列，這其實是一種無奈的選擇。

對一些父母來說，結婚彩禮是撫養和教育女兒的經濟動力，是對撫養費的一種補償。他們把彩禮當作謀求利益最大化的經濟手段，是一種畸形的市場意識在作怪。這無疑加大了男方的結婚成本，甚至將對方擋在婚姻大門之外。

經濟學之父亞當·斯密（Adam Smith）指出，市場是一隻看不見的手。理性人決定是否戀愛、結婚時，都會衡量機會成本，比如投入的時間、精力，以及財力等等。當戀愛、婚姻成本過高時，人們大多會選擇放棄，當然也有勇敢的人把愛情放在第一位，把麵包放在第二位。

● 家庭生產失去成本優勢，導致現代婚姻變得越來越脆弱

從經濟學角度分析，婚姻無非是兩家公司合併，從而讓資源得到更合理的設定，產生更大的收益。透過優勢互補，或者強強聯合，一段婚

姻讓雙方實現利益最大化，可以有效降低各種交易費用。

在婚姻中，男女雙方扮演著多種角色 —— 廚師、護士、採購員、性伴侶、司機、清潔工、保育員，雙方難分彼此。通常，上述角色都可以從市場中到的，但是兩個人放棄市場，選擇結婚這種形式，就是為了發揮家庭組合帶來的成本優勢。

顯然，男女結婚除了感情因素，主要是為了實現長期合作，讓生活得到保障。以性需求為例，人們為何選擇婚姻體制內進行呢？這是因為，儘管婚姻的前期投入很大，但是一旦訂立合約，直接費用就變得很低了。畢竟，夫妻之間的性活動安全性更高，也能讓情感得到慰藉。

但是，上述局面正在發生改變。今天，單身的人越來越多，步入婚姻殿堂的人越來越謹慎，這是為什麼呢？而且，許多感情親密的人選擇同居而不是結婚，又是出於什麼原因呢？研究發現，導致單身男女不斷增加的原因，一是性觀念日益開放，二是婚姻成本被推高。

性觀念 [03] 的開放，給婚姻帶來巨大衝擊。隨著生育的重要性逐步降低，並且社會越來越包容各種形式的性需求，婚姻內的性活動就開始喪失比較優勢。對一些年輕人來說，既然不用結婚也可以解決性需求，那麼婚姻的效用就降低了。於是，同居就在特定階段成了婚姻的替代品。

有的人長期同居，透過試婚認為對方是滿意的結婚對象，卻遲遲不結婚，是因為結婚是一件成本高昂的事情，一旦將來分手費用也非常高。從效用最大化的角度考慮，很多人寧可選擇暫時同居，也不願意選擇結婚。

---

[03]　性觀念的解釋為：「係指社會的性意向，即社會人群對『性』的心理傾向。

【經濟學解讀】...

　　如果把婚姻當作一種投資行為，那麼這種投資顯然具有不可逆性。面對高昂的交易費用，任何一方如果單方面撤資，都會給另一方帶來巨大的沉沒成本。因此，越來越多的人對婚姻採取審慎的態度，甚至暫時用同居代替結婚，規避因為決策失誤帶來的巨大損失。

　　今天，人口自由流動帶給每個人巨大的決策權，親權對個人的影響越來越小。面對誘人的機會，人們不再將婚姻作為當前最重要的事情，無論享受單身的快樂，還是專注於事業發展，都是出於內心的意願，是為了個人利益的最大化。

從機會成本看婚姻以外的預期回報

選擇一種東西意味著需要放棄其他一些東西。一項選擇的機會成本是相應的所放棄的物品或勞務的價值。

臺灣偶像劇《敗犬女王》曾經風靡一時，女主角無雙任職雜誌社高層，她精明能幹，業務能力強，深得上司賞識。無雙事業有成，收入不斐，一直保持單身，在生活中很有代表性。有的人暫時保持單身，沒有選擇結婚這條「康莊大道」，他們追隨內心的聲音，實現個人財富自由與自我價值實現，讓未來有了更好的選擇機會。

愛情與婚姻就像其他人類行為一樣，尋求的是實實在在的收益。是否結婚，什麼時候結婚，對當事人來說都是出於理性的判斷。因此，單身同樣是一種經濟理性的選擇。那些保持單身的人之所以不結婚，無非是期待得到更好的預期回報。這涉及到一個經濟學概念，「機會成本」。

所謂「機會成本」，是指在面臨選擇時，被放棄的選項中價值最高的那一部分。比如，李小姐有三個結婚對象 A、B 和 C。對於李小姐來講，A 比 B 好，而 B 又比 C 好。所以，B 就是李小姐選擇 A 的機會成本。

同理，李小姐現在有一個結婚機會，可以過上安定的生活；但是如果暫時不結婚，選擇公司外派的機會，那麼她不但收入翻倍，也會在職位上提升，未來幾年登上更廣闊的發展舞臺。最後，李小姐選擇外派，就是為了避免喪失難得的發展機會，獲得更好的回報。

今天，一個優秀的職業女性面臨許多選擇，包括更好的工作機會，

遠大的前程，以及自我價值提升後選擇更優秀男人的機會。如果一段普通婚姻要放棄太多，她會心有不甘；如果需要在婚姻中投入太多時間和精力，她會畏懼不前。

人們比以往任何時候都注重個人價值實現，如果單身反而有更好的預期回報，那麼單身便成為自然與理性的選擇。正如一位女性所說：「為什麼一定找一個男人來規劃我的收入，上班打拚之餘還要下班做家務，然後要把錢拿出來一起供房供車，最後買一瓶化妝品都要被語重心長地教育一番——要學會節省。」

● 單身的機會成本促使人們追求效用最大化

單身反而有更好的預期回報，這讓每個理性人最大程度上追求個人效用最大化。「效用」是經濟學中的基本知識，比如購買一件物品，並非只是買了這個東西，而是買了不同特性的效用。再比如選擇交朋友，有的人著重考慮對方是否幽默、溫柔、細心，有的人則考慮對方是否容易相處、溝通無障礙等。顯然，這都是在追求不同的效用。

結婚是一種選擇，單身是另一種選擇，無論怎麼做都會付出相應的代價。選擇有男朋友，也就意味著少了跟其他朋友出去旅遊的機會，或是增添了面對婆媳關係的煩惱。有的女性追求單身的自由生活，以及自我提升與上升空間的拓展。顯然，她們都是在追求效用最大化。

當單身的效用大幅提高，也就意味著結婚的效用降低。在過去幾十年裡，城市女性的收入大幅度提高，各種消費、娛樂方式層出不窮，單身生活的品質也隨之改觀，結婚的吸引力自然減低。受此影響，單身的效用曲線上升。當男人無法提供比獨身更高的效用時，有的女人根本不會委屈自己下嫁，而是成為單身一族。

● 享受單身生活，追求內心快樂

在過去很長一段時間裡，年輕人受到物質條件差、就業率低的影響，早早選擇結婚，過上了穩定、有保障的生活。尤其對女性來說，以前沒有鐘點工、速食、洗衣機，她們很難一邊工作賺錢一邊操持家務，所以結婚是一種必要的生存手段。今天，年輕人結婚主要考慮感情的滿足。如果婚姻生活拮据，失去太多自由，人們更願意選擇單身，自己養活自己，過著一種快樂自在的生活。

隨著受教育程度大幅提高，今天越來越多的女性已經不再需要丈夫供養了。如果一段勉強的婚姻不足以滿足女性對未來生活的全部想像，她們寧願選擇單身。所以，到了一定歲數還沒有找到心儀對象，這種情況並不稀奇。

在新加坡，30 至 34 歲的女大學生中有 35% 未婚；在泰國，25% 的女大學生在 40 歲時仍然獨守空房；一家婚戀網站的調查顯示，大約 82% 的剩女擁有高學歷。並非這些女性不渴望結婚，然而在現實面前，她們找不到比維持單身生活更令自己滿意的選擇。在結婚對象選擇上寧缺毋濫，是理性思考和選擇的結果。

● 單身女子事業越強，越難走進婚姻

未婚或離異的人，都可以稱之為單身一族。在眾多單身人士中，在事業上有所成就的單身女子似乎更難走進婚姻。通常，她們收入高，經濟上獨立，無須依賴男性。因此，選擇結婚對象的時候，她們會摒棄經濟因素，更容易挑剔。

在男強女弱思維的影響下，事業型單身女子往往會選擇比自己成就

更大的男性，而後者變得更加不易得，甚至是一種稀缺資源。除非婚姻市場上能獲得更好的回報，否則事業型女子不會輕易放棄眼前的一切。換句話說，單身女子事業越強，越希望有更好的感情，從而得到補償。在期望值很高的情況下，結婚對她們來說變得更不容易實現。

【經濟學解讀】...

面對婚姻，「選擇」並不是唯一的選擇，「不選擇」也是選擇的一種。在一個不願意將就的時代，年輕人有了更多選擇機會，這其實是一種社會進步。在婚姻的十字路口，有的人不肯委屈自己，其實是理性人主動選擇的結果。

有人選擇當家庭主婦，有人選擇事業，每種選擇對當事人來說都是最優的決策。最重要的是，你要活出自己想要的生活。讓女人有更大的自由是文明和進步的表現，因此越來越多的人選擇單身並不值得大驚小怪。

對某些人來說，做個剩女、剩男絕對是最快樂的選擇；如果不是，他們大可隨便找個人結婚，只要降低要求，沒有什麼不可能。從機會成本的角度分析，選擇單身只是一種最優選擇，不一定是最好。最好的選擇往往是一種想像，而這超出了現實，大多是不可能的。

獨立女性的財富自由

一個人收入的多寡，對他的性格所發生的影響，常常不弱於（即使稍差一些）獲得收入的方法所發生的影響。

在一個隨性自由的時代，沒人有再將就著過日子，如果對方不是令人滿意的那個人，情願享受單身的自由和灑脫。今天，越來越多的女人不著急結婚了，並非她們不願意找一個伴侶過二人世界，而是因為如果這種生活比單身的日子更糟，所以情願維持現狀。

與男友同居前，李然是一家外商的行銷主管。和許多女孩子一樣，她也對未來的同居生活充滿了期待和想像，渴望享受二人世界的浪漫與甜蜜。然而，一旦踏入這扇大門，李然才發現一切並非想像中那麼美好。

開始的時候，男友還保持著戀愛期間處處殷勤的做派，然而過了幾個月就畫風突變。原來那個體貼周到的人不見了，男友像換了一個人。想像一下：自己伺候了一天客戶，還沒下班就開始盤算著晚飯怎麼搭配食材；回到家裡，洗衣機裡堆滿了髒衣服；忙碌半天做好了晚飯，男友吃完甩手去打遊戲了，留下自己收拾殘局。

顯然，這不是李然想要的生活，她也不允許在這樣的日子裡沉淪，耗盡人生的美好。與男友多次溝通之後，對方始終沒有根本性改變，於是李然果斷與之分手，重新回歸自己以前自由、快樂、美好的單身生活。

　　一般來說，高收入女性群體過了依附男人解決生存問題的階段，她們在經濟上實現了獨立，在獲得財富自由的同時大膽追求選擇生活方式的自由。在對待婚姻這件事上，她們最大的特徵是不再委屈自己。如果遇不到合適的結婚對象，她們甚至一直保持單身，「離開男人會活得更好」甚至成了一些女性的人生宣言。

● 單身女性不著急結婚的經濟因素

　　當單身女性日益增多，並引起廣泛關注，我們需要從經濟學角度分析背後的真正原因。

　　在傳統社會裡，很多女性沒有實現經濟獨立，往往需要依附於男人才能生活。於是，婚姻在某種程度上就成了維持生存的一種途徑。到了適婚的年齡，女人為了及時把自己嫁出去，甚至會降低要求；至於雙方是否有感情基礎，也並不重要，經濟因素占據了首要位置。

　　隨著生產力水準提高與社會發展，很多女性在經濟上開始獨立，自然對婚姻提出了更高的要求。不可否認，傳統婚姻無法帶來愛情意義上的幸福，當女性不再受制於經濟問題時，她們就擺脫了婚姻中生存功能的制約，開始追求心理上的滿足感。

　　今天，那些實現經濟獨立的女性不再過於看重男性的財富，更注重他們的容貌、氣質、品味以及雙方的契合度。如果不能找到滿意的結婚對象，與其隨便找一個人湊合過日子，她們寧願自己賺錢自己花，享受一個人的種種美好。

　　此外，現代社會性觀念開放也讓男女的性需求得到滿足，結婚不再是唯一選擇。大多數時候，男人生育子女的願望比女人更強烈，繁衍後代對一些女性來說變得不再重要。所以，她們並不著急結婚，願意耐心

等待，看看能否碰上好運氣，嫁給自己滿意的男人。

然而，任何事物都有兩面性，實現財富自由的女性為了追求更高品質的婚姻變得挑剔起來，無疑會錯過某些適合結婚的對象，甚至在一定程度上對婚姻市場的真實行情進行了誤判。盲目樂觀估價而導致脫離實際，也要承受嫁不出去的風險，以及由此帶來的家庭與社會壓力。

● 五成單身女性從經濟獨立步入「輕奢」

一家婚戀網站釋出單身女性研究報告顯示，超七成的單身女性表示 —— 當今女性多才、多藝、有才華，不但長相好、身材好，而且工作能力強、收入高。在她們的潛意識中，提升自我能力，拼才華、學識與職業技能是實現財富自由的關鍵，不再依靠男人成了最顯著的特徵。

此外，研究還顯示，超八成單身女性年收入在 40 萬元內，12.32%的單身女性年收入在 40 萬至 80 萬元內，年收入 80 萬元以上的人群占7.28%。

不難發現，新一代單身女性的消費能力驚人，並且她們不再滿足於日常生活正常消費，或多或少有額外消費的規劃，展現了高品質的生活水準。除了把剩下的錢存起來，另外五成女性已從經濟獨立步入到「輕奢女性」的行列 —— 有「有買房、買車能力」，有購買奢侈品的消費，有額外長途旅行的經費。

新時代單身職業女性實現了財富自由，不再過早踏入婚姻，追求更多精神層面的體驗、物質層面的享受，極大地提升了個人生活品質與品味。與此同時，她們的結婚年齡也後移，進一步壯大了單身人群隊伍。

一旦從家庭的束縛中解放出來，這些離開男人獨立生活的女性更願意為自己買單。經濟獨立帶來精神層面的革命，她們對自己更認可，並

充分實現個人價值。當然，她們對未來的婚姻生活也抱有更高的期待，
既追求物質方面的財富，也會更多考慮精神層面的和諧。

【經濟學解讀】...

　　沒有該結婚的年齡，只有想結婚的心情。許多女性實現經濟獨立
以後，開始追求更高品質的生活，與其說「單身貴族」是婚前的一種
狀態，不如說是財富自由帶來的結果。

　　單身女性的增多證明擇偶困難是雙向的，這與整個社會的變遷有
關，表明經濟自由讓女性對婚姻的依賴程度降低，是文明和進步的
表現。

單身是提升自我的好時機

經濟規律是關於在一定條件下人類活動的傾向的敘述。

一個人二十幾歲的時候，是人生中最美好的年華，也是最寶貴的奮鬥時刻。這時候，人的精力最旺盛、思維最活躍，也最有想像力。充分利用好這段時光，在工作或專業領域內有所作為，會為一生的成長和發展奠定堅實的基礎。

年輕的時候保持甜美的戀情，或者步入幸福的婚姻殿堂，都無可厚非；但是，如果在這方面不盡如人意，也不必糾結，你完全可以把精力投入人生奮鬥上，靜候緣分的到來。有句話說得好，單身是一個人最好的增值期。給自己設定更高的目標，投入更大精力，一定能夠取得出人意料的成就。

在自己最美好的年紀，劉佳遇到了初戀，兩人熱烈地相愛，每天有聊不完的話題。然而誰也沒有料到，他們有一天會形同陌路。秋天的時候，兩個人分手了。隨後，劉佳收拾好行李，離開了讀大學的那個城市，來到了新的城市。在一個陌生的地方，她想了許多事，告訴自己一切都會過去，絕不能因為愛情而迷失自我。

開始新生活以後，劉佳到一家網路公司上班，把手機換了，重新規劃自己的人生。在簡單、安寧的生活中，她漸漸找回了座標，清楚了努力方向──寫作。心變得恬靜了，有許多想法要寫出來，她把過往的經驗、當下的感悟、未來的想像寫在紙上，自己未曾發覺的文采得到了釋放。

　　幾年下來，劉佳出版了五部作品，與出版社和讀者建立了緊密的連繫。在與讀者交流的過程中，她發現許多人有情感、心理方面的困惑，於是開始潛心研究這方面的課題。劉佳意識到，情感挫折疏導是一項重要和急迫的工作，可以幫助更多的人擺脫不良情緒的困擾，重建積極樂觀的心境。隨後，她開始努力學習心理、生理、社會知識，成為這個領域的專業菁英。

　　一個人獨處的時候，劉佳喜歡打理自己的花園，紅玫瑰、香雪蘭都是她的最愛。這些鮮花讓她的心靜下來，房間裡飄著淡淡的花香，也帶來許多寫作靈感。一個女人可以孤單，卻不一定寂寞。在一個人沉思、感悟的日子裡，劉佳完成了美麗女人的蛻變。

　　心有多大，舞臺就有多大。珍惜單身的時光，做一個有想法的人，將你的夢想付諸行動，一定可以在自我超越中成就最好的自己。因為情感遇挫而自暴自棄，整天虛度時光，這樣的日子毫無價值可言。有野心的人知道自己該做什麼，不浪費每一天每一秒。

　　生物學家做過這樣一個實驗，把跳蚤扔到地上，然後它能從地面跳起一米高。接著，在一米高的地方放一個玻璃蓋子，然後跳蚤跳起來的時候會撞到蓋子上。反覆幾次之後，撤掉玻璃蓋子，發現跳蚤已經不能跳到一米的高度了。為什麼會出現這種情況呢？原因不難理解，跳蚤多次觸碰到玻璃蓋子以後，開始主動降低跳起來的高度，並且逐漸適應這種情況，不再嘗試跳得更高。這就是經濟學上的「跳蚤效應」。

　　「跳蚤效應」的啟示是，一個人如果想取得更大成就，要為自己設定一個可以追逐的目標，並且這個目標不能太低。換句話說，你有什麼樣的目標，就有什麼樣的人生。很多人不敢追求夢想，不是追不到，而是因為心裡預設了一個「高度」──它常常使他們受限，看不到未來確切的努力方向，結果每天過著庸庸碌碌的日子。

● 單身期間讓自己變得更有價值

單身的日子沒有想像中那般無聊，只要你為自己設定上進的目標，並堅持持續不斷地努力，就能看到自己蒸蒸日上。利用好單身期間的大把時間，沉下心改造自我，踏踏實實過好每一天，你會發現愛情不是人生的全部，還有那麼多美好的東西值得努力爭取、細細品味。

列出了一張清單，去健身房消除身上的贅肉，慢慢品味好書、電影，在公園裡一邊散步一遍和自己對話，制定一個可行的理財計劃……除了兩個人在一起的歡騰日子，人生還有靜心思考的快樂，讓精神達到前所未有的高度。

人們喜歡用經濟學衡量愛情，把不同品質的男人（女人）比作股票，希望抓住潛力股、看準績優股、扔掉垃圾股。如果想穩賺無賠，那麼在購買股票之前是否應該先成為一個有鑑賞力的股東呢？利用單身的空檔期情理情緒垃圾，讓新的知識和眼界昇華自我，這種修行能讓你跳得更高，面對下一場戀愛的時候能選擇更好的對象。

● 勇於突破自我的人有更好的未來

人生有無限可能，無論你處在熱戀中，還是保持單身，都不應該給自己設限。跳蚤變成「爬蚤」並非失去了跳躍能力，而是因為多次受挫後形成了**慣性思維** [04]，不再奢望更高的目標。單身人士並非沒人愛，結束一段戀情也不意味著人生變得灰暗，永遠朝著更高的目標努力、奮進，勇敢超越自我，未來就有無限可能。

---

[04] 慣性思維，是由先前的活動而造成的一種對活動的特殊的心理準備狀態，或活動的傾向性。在環境不變的條件下，定勢使人能夠應用已掌握的方法迅速解決問題。而在情境發生變化時，它則會妨礙人採用新的方法。消極的慣性思維是束縛創造性思維的枷鎖。

　　害怕寂寞是人類一種普遍心理，單身的時候百無聊賴，甚至整天混日子，這樣的人生毫無趣味可言，也意味著失敗。如果在心理上預設了單身意味著一片空白，而無法踰越這個高度，那麼你就失去了追求卓越人生的野心，即便有一段新的戀情降臨，也會因為實力不濟無法抓住它。在一次次失敗中懷疑自己，恐懼失敗後自尊和自信受到打擊，於是你變得躡手躡腳，思考問題的能力也直線下降，這才是最令人憂慮和恐怖的事情。

　　單身是突破自我的時候，是邁向下一個戰場的驛站。如果無法戰勝孤獨，不能自我成長，那麼未來的日子令人懷疑。追求卓越的人珍惜單身時刻，勇於突破「心理高度」，因此跳得更高，讓人生充滿無限可能。

【經濟學解讀】...

　　一個人畏畏縮縮地思考，在不知不覺間已經給自己設限了。如果潛力不能爆發出來，那麼生命的價值就變得一文不值。超越「跳蚤效應」的限制，單身的人可以變得更優秀。

　　生活不相信眼淚，請收起你失戀的落寞，在單身的日子裡潛心修行，不遠處一定有更好的人在等著你。不做精神上貧瘠的人，朝著積極向上的生活態度靠攏，在有限的璀璨年華裡，唯有好光陰不可辜負。

努力讓自己變得更好

貿易可以使每個人的狀況都變得更好。

研究發現，有的人對婚姻持有排斥或恐懼心理，一個重要原因是不想委曲求全。在一段婚姻中，雙方不僅結成法律上的契約，還要在生活中履行忠誠、合作等義務。這類似於經濟學中的貿易壁壘，對第三方具有排斥性。對方是否是那個對的人，在相當程度上是一場賭博。此外，保持單身就有權繼續增加交易次數，遇到更好的人或者讓自己變得更好，至少能讓最終的賭注更高一些。

換句話說，一個人對另一半期望過高，而自己還沒有足夠的本錢成就相應的婚姻，他們寧願暫時選擇單身，努力成就更好的自己。如果委屈自己投入一段婚姻而失去得到更完美婚姻的機會，他們斷然不肯接受這種由「貿易壁壘」造成的不利局面。

蘇童是一家媒體公司的文案，雖然到了該結婚的年齡，但是她並不想匆匆找個人嫁了。面對父母的催婚，她淡定地說：「我現在沒精力思考結婚，現在最重要的是讓自己變得更好一點，將來才能遇到更優秀的人。」

幾個大學同學陸續結婚了，但是她們陷入柴米油鹽的日子，甚至與婆婆發生衝突，這讓蘇童對婚姻生活有些惶恐。雖然身邊的人多次給她介紹男友，但是終究無人令其滿意。最後，她乾脆投身工作，在職場上幹得風生水起。

去年春節回家，爸爸在飯桌上陰沉著臉，對蘇童說：「你到底怎麼回事啊？過了這麼多年，到現在還沒領回來一個男朋友！我和你媽年紀大了，經不起等待了！」看著爸爸鬢角的白髮，蘇童心裡有些難過，她急忙平復爸爸的情緒：「放心吧，這事我會抓緊！」

雖然成了大家眼中的大齡剩女，但是蘇童在結婚這件事上不想將就，更不想因為草率結婚誤入婚姻的圍城，最終後悔不迭。

在經濟學上，貿易壁壘（Trade Barriers/Barrier to trade）又稱貿易障礙，主要是指一國對外國商品勞務進口所實行的各種限制措施。通常，使正常貿易受到阻礙，市場競爭機制作用受到干擾的各種人為措施，都屬於貿易壁壘的範疇。

保持單身的人不想走進婚姻這座圍城 [05]，失去與更優秀異性結合的機會，其實是在追求更完美的人生。這表明，他們在情感、經濟上有著更高的追求，希望透過推遲結婚年齡換得將來有更好的結果。

● 與自我實現比，結婚的收益在降低

一個不爭的事實是，開放更有利於個人成長進步，也有利於國家和地區的經濟發展。在現代社會中，設定貿易壁壘為自由經濟增加了不和諧的因素，導致各種經濟要素得不到自由交流。從長遠來看，這會嚴重制約一個國家和地區的發展，也會損害當地居民的經濟利益。

從經濟學角度看，婚姻也是一種貿易行為，是契約雙方達成某種交易的過程。婚姻受到法律保護，堅決杜絕一切出軌行為，如果犯了重婚

---

[05] 《圍城》是錢鍾書所著的長篇小說，是中國現代文學史上一部風格獨特的諷刺小說。小說中多次點明瞭「圍城」的含義 —— 人生處處是「圍城」，結而離，離而結，沒有了局，存在著永恆的困惑和困境。作家在圍城中所提出的問題，涉及到整個現代文明的危機和現代人生的困境這個帶有普遍意義的問題。

罪會受到嚴厲懲罰。並且，男女雙方在婚姻中除了享受情感的慰藉，也要承擔相應的責任，犧牲自己某些方面的利益，包括個人成長與自由。從某種意義上說，婚姻形成了一定意義上的貿易壁壘——男女中的任何一方都不能再與他人締結其他婚姻形式，並喪失某些利益和收益。

站在客觀的角度審視一個人的一生，年輕的時候過早步入婚姻的殿堂，顯然會讓某些抱負無法實現。結婚以後慢慢變成了沒抱負的隨波逐流之人，這是許多人的狀態。不是說變成這樣有多糟糕，而是說人一旦在婚姻中失去了繼續成長與進步的可能，那麼整個人生就少了更多躍進的可能。

每個人有權對自己的人生作出選擇，找到最舒服的存在方式。有的人覺得結婚生子、安穩生活最舒服，這當然很好。在社會生存壓力、競爭壓力日趨增大的背景下，還有更多的年輕人推遲了結婚年齡。也有人覺得自我實現是最重要的，結婚退居其次。馬斯洛[06] 需求原理將人的需要分為生理需求、安全需求、社交需求、尊重需求和自我實現需求，而自我實現正是最高的一種需求。

在都市化中，每個人都主動或被迫參與到這場聲勢浩大的運動中來，遭遇的挑戰和壓力也是空前的。無論是出於生存需要，還是為了實現自我價值，人們都要付出更多，甚至做出某種程度的犧牲。對某些人來說，與「嫁不了人」、「結不了婚」造成的困擾相比，「最後什麼也沒幹成」帶來的壓力更大。而在這個功利的世界中，「自我實現」在某種程度上又是結婚的必要條件。換句話說，暫時保持單身既是一種無奈的選擇，也是為了成就更好的自我，將來收穫一份自己滿意的婚姻。

---

[06] 亞伯拉罕・馬斯洛（Abraham Harold Maslow）是美國著名社會心理學家，第三代心理學的開創者，提出了融合精神分析心理學和行為主義心理學的人本主義心理學，代表作品有《動機和人格》、《存在心理學探索》、《人效能達到的境界》等。

● 生活太幸福是幸運，也是不幸

無論男人還是女人，總會有渴望親密關係的時刻，得到另一半貼心的關愛和慰藉。對單身人士來說，沒有穩定的情感令人痛苦，那種飄浮的狀態無法獲得安全感，所以對幸福的渴望就更加強烈。

其實，沒有人喜歡孤獨，在沒遇到合適的伴侶之前，內心總是渴望熱烈的情感，從而讓這個世界與自己建立關係。在落寞和空虛中，人們總是更加渴望得到幸福，找到親密的愛人，告別形單影隻的日子。

一旦有了穩定的感情，與愛人在一起會感覺很踏實，卻又無法避免陷入安定生活帶來的失落與惶恐。雖然情感穩定了，內心幸福了，但是也容易因此變得很滿足，對外界不再敏感，甚至有些不思進取，個人也開始拒絕成長。

這與貿易活動類似，一旦與某個合作方簽訂了合約，就有了諸多限制，變得不自由了。穩定的家庭生活會牽扯一個人很大的精力，在個人職業、事業發展尚未明朗的前提下，單身人士顯然有更多自主行動與發展的機會。有的年輕人選擇「先立業後成家」就是出於上述考慮，在他們看來，單身時期投入全部時間和精力有一番作為，能讓一個人更加有效地增值。

一位女明星非常受觀眾歡迎，粉絲也很多，遺憾的是她結婚了。許多人為之惋惜，因為她太幸福了，這對一個演員來說未必是好事。在旁人眼裡，這位女明星沉浸在婚後的甜蜜時光中，眼睛裡少了昔日那種奮力向上的光芒。對此，經紀人深有體會，她不再頻繁接戲，甚至演技也明顯退化，這對其演藝事業來說是一個壞消息。

經濟發展良好，人們享受著持續的貿易紅利，對外界的變化不再敏感，對各種新趨勢也不再關注。殊不知，經濟形勢隨時可能發生鉅變，

一旦喪失了進取心與警惕性，遲早要接受市場的懲罰。單身人士雖然在情感上缺失，卻沒忘記努力提升自我，讓自己變得更優秀，只為將來遇到更好的姻緣。從某種意義上說，單身能成就更好的自己，讓自己變得更有價值。幸福的人沉浸在幸福中，既是幸運也是不幸。

【經濟學解讀】...

貿易能使每個人的狀況變得更好，而單身類似於開放的貿易狀態，有助於個人成長進步。陷在幸福中的人很多，因為太幸福，整個人生都有點洩氣；也有很多人過得並不幸福，而背後是各種不幸。

既渴望婚姻的幸福，又擔心誤入圍城，這是人性的矛盾之處。單身的人選擇暫時不結婚，是在不確定性中摸索著前進，讓自己變得更好。雖然不確定性本身是痛苦的，但又是非常迷人的，因為它少了穩定生活的乏味與單調。

在許多人的人生藍圖裡，如果沒有完成自我實現，他們不願意輕易結婚，更不會生孩子。這其實是追求自身價值最大化的經濟學選擇。

提升愛情的成本效益

　　大多數人的最大幸福乃是判斷是非的標準。

　　在一個充分競爭的環境裡，合理調整個人目標與狀態，努力做到自我實現，是許多人的追求。年輕人有健美的體魄，以及姣好的容貌、豐富的知識儲備與時間，如何選擇職業發展方向，如何選擇婚姻，充分考驗著當事人的智慧，以及遇挫、受困之後的應變能力。

　　在經濟學上，稀缺的資源在各種不同用途上加以比較之後才會做出最優選擇，從而實現價值最大化。這恰恰是一種科學、合理的資源設定過程。對每個人來說，選擇與誰在一起生活牽扯到人生的各方面，一旦選擇失誤會帶來各種負面影響，甚至超出個人承受能力。因此，選擇與誰結婚需要慎之又慎，如果眼前這個人並不可靠，人們寧願選擇單身。

　　有人說，跟誰結婚你都會後悔。這恰恰說明，人生充滿了不確定性，面對婚姻生活可能存在的風險，當事人總是根據個人目標、理想、需求權衡利弊，進行理性選擇，必要的時候賭上一把。至於婚後的生活是否如自己所願，是否和自己想像的那般美好，沒有人能夠猜得到，只有切身體驗完才會恍然大悟。

　　魏彤與男朋友戀愛 5 年了，還猶豫著是否結婚。雖然男友對她十分體貼照顧，兩人相處也還融洽，但是讓她邁入婚姻的殿堂並不是一件容易的事情。魏彤對物質沒有過高的要求，她也不期望男友一夜暴富，唯一憂慮的是眼前這個人是否始終如一對待自己。

　　在父母和親友的催促下，魏彤終於答應了男友的求婚，但是她約法三章，其中一點就是男友必須待自己婚前婚後一致，否則就離婚。男友爽快地答應了，信誓旦旦地保證婚後承擔一切家務勞動。

　　剛結婚的時候，兩個人的生活終究是幸福的，丈夫也很勤快，積極主動做家務，這讓魏彤很滿意。然而好景不長，丈夫開始早出晚歸，對家務勞動也不放在心上了。即便週末在家，丈夫也只知道玩手機打遊戲，對魏彤少了關愛和照顧。

　　一開始，魏彤主動與丈夫溝通，對方總是說上班很累，回家想放鬆一下。即便丈夫答應堅守婚前的承諾，但是過了不幾天又回歸本來的樣子，這讓魏彤十分惱火。

　　男人婚後的變臉是婚姻的隱形炸彈，魏彤感同身受，她不明白丈夫為何變化這麼大，難道生活就應該是這個樣子嗎？顯然，她不甘心以後這樣度過餘生。反覆溝通無果之後，魏彤毅然選擇離婚。

　　魏彤以過來人的身分提醒閨蜜：「不要因為你愛他就衝動地結婚，如果可以的話，真的要慢一點。」如果早就知道「幸福生活」的背後竟然是一片狼籍，她斷然不會邁過婚姻那道門檻，將自己置於尷尬的境地。

　　對每個人來說，婚姻始終是無法躲避的一個人生議題。根據個人條件與心理期望，選擇與合適的人結婚是一個精細計算的過程。男女雙方的條件進行比較、權衡，這是在進行資源設定。對當事人來說，一旦對方無法滿足個人預期，往往選擇放棄，暫時保持單身狀態。如果一個人在一段時間內始終無法找到心儀的結婚對象，那麼他（她）就成了大家眼中的剩男（剩女）。

　　選擇單身有時候是一種無奈的選擇，但是從整體上來看是男女雙方權衡利弊、靜心計算的結果。

● 女方看重男方經濟實力是在提升愛情本益比

很多女孩選擇結婚對象時，往往看重對方的經濟實力，包括對方有多少身價、收入達到多少等。顯然，婚姻需要一定的物質基礎，這其實是一種理性訴求。站在女性角度看，男方經濟實力強，能獲得更多安全感。

一個年收入 40 萬元的男人，和一個年收入 80 萬元的男人，後者顯然更受女性青睞。從女性角度分析，選擇年收入 80 萬元的男人結婚，更能突顯自己的身價。這其實是愛情的本益比。

所謂的本益比，就是普通股「每股市價」與「每股收益」的比值。比如，股票的價格是股票未來全部預期收益的**現值** [07]，而一個人的身價就取決他未來全部預期收益的現值。那些收入高的男子更受女性青睞，是因為他們取得物質財富的能力強，個人身價更高；選擇與這樣的人結婚，也就彰顯了女性的身價更高。

那些自身條件不錯，卻仍舊保持單身的女性，之所以不肯選擇條件一般的人結婚，是因為不想讓自己的愛情本益比過低。在沒遇到滿意的結婚對像之前，她們寧願選擇單身。一個年輕漂亮的女人跟著一個窮光蛋，很多人會替她感到不值，這是因為資源設定錯位超出了人們的心理認知。

當然，選擇嫁給一個人，不能只看當前的收入，而是看他未來的全部預期收益。很多人在沒有成功之前，往往也是一個窮光蛋，但是有女人願意跟著他，只能說明她比一般人更聰明 —— 善於看一個男人的未來，而不是當前。判斷一個男人未來是否前景光明，是相當困難的一件事，這是許多女性自身條件不錯卻仍舊單身的重要原因。

---

[07] 現值（Present value），指資金折算至基準年的數值，也稱折現值、也稱在用價值，是指對未來現金流量以恰當的折現率進行折現後的價值。

● 面對不平等的婚姻，許多人不甘於平庸生活而止步

婚姻是大多數人的最終歸宿，但是當好男人、好女人步入婚姻殿堂後，剩下來供你挑選的對象就變得十分稀缺了。這讓一些人推遲了結婚年齡，始終保持單身狀態。

此外，不平等的婚姻生活也是許多人遲遲不肯結婚的重要原因。在傳統婚姻中，男人負責賺錢養家，女人負責洗衣、做飯、接送孩子、照顧老人。如果說這種乏味的生活令人厭倦，那麼看到懶於做家務、只顧玩遊戲的男人，女人更會因為恐懼而不著急結婚。在一定程度上，嫁給上面這種人就等於嫁給了廚房和洗手間，擁有這樣的婚姻就等於成了終生免費的保母；令人細思極恐的是，這樣的婚姻恰恰是多數家庭的常態。

隨著越來越多的女性實現了經濟獨立、財富自由，她們自然不會為了結婚而結婚，讓自己將就一輩子。在婚姻中追求平等，追求高品質的生活，讓自己的價值最大化，必然成為新時代女性的選擇。在沒有遇到對的人之前，如果對方的條件無法滿足心理預期，她們寧願保持單身狀態。

【經濟學解讀】...

對男女雙方來說，年齡、容貌、學歷、收入等都是寶貴的資源。選擇結婚對象，要針對自身條件評估對方的價值，資源設定就是決策的過程。從經濟學角度分析婚姻以及單身現象，可以明白一個道理，所謂「經濟」就是精心地計算自己的人生。

幸福的家庭都是一樣的，不幸的家庭各有各的不幸。單身男女都有自己單身的理由，無論出於什麼原因，他們其實都有自己的考慮和計劃。

第二章

道路的選擇，事業或是婚姻

在人類社會中，家庭最原始和最重要的是經濟功能。當越來越多的女性進入職場，工作收入讓她們不必依附於一個家庭才能生存，實現了真正的經濟獨立、人身自由與思想解放。

對婚姻挑三揀四的考量

人們從來就只有權衡和取捨，而沒有絕對的必需。

剩男剩女越來越多，家長催促結婚的頻率越來越緊湊，身邊的親朋好友都在說相同的一句話：「別挑了！」單身人士卻不以為然：「我沒挑啊！就是遇不到合適的。」年輕的日子真的很寶貴，時間也過得很快，似乎美好的東西都容易逝去。轉眼又增加了一歲，而那個對的人還沒出現。

實際上，從遇到一個合適的人開始，兩個人嘗試著交往，並磨合下去，直到準備結婚，確實是一個很長的週期。而且，期間要面對無數不確定性因素的干擾，一段感情可能戛然而止。然後重頭再來，你不知道下一刻會遇到什麼樣的人。對單身男女來說，找到合適的結婚對象確實需要花費高昂的選擇成本。

從經濟學角度分析，選擇成本（Choice Cost）是消費者花費一定的人力、物力搜尋到相關的訊息，然後建立起備選集，做出擇優決策過程階段所發生的成本。單身人士遲遲不能結婚，與選擇成本高有很大關係。

卡洛琳遇到了一個難題，有兩位追求者同時向她展開了攻勢。其中一個人叫安迪，事業有成，聰明睿智；另一個人叫麥克，雖然境況稍微差一點，看起來感情更濃烈。該選擇誰呢？究竟更喜歡哪個人呢？

週末，卡洛琳來到好友家裡，向她求助：「親愛的，我遇到了一生中

最大的麻煩，現在同時有兩位男士向我求婚，而我卻拿不定主意該選擇誰。」好友笑著說：「你真幸運，這麼招人愛。」

好友問：「如果這兩位男士在一輛轎車裡，遭遇了車禍，其中一人受傷⋯⋯」還沒等對方說完，卡洛琳急忙搶著回答：「哦，不，不會的。」

「當然不會，如果有一個人受傷了，他會是誰呢？」好友接著問。「我希望麥克安然無恙。」卡洛琳幾乎脫口而出。答案不言自明瞭，她心裡更在乎麥克。

已經知道了答案，好友接著說：「你要明白一個道理，愛情絕對不可以建立在任何物質的吸引上，愛情需要彼此互相包容，相愛的雙方產生一種奇妙的吸引力。那個令你怦然心動的人，才是你的最愛。」

卡洛琳認真傾聽，不住地點頭。隨後，好友將話題引向了深入：「剛才談的是純真的愛情，然而相愛容易相處難，你們能否一直走下去，就要看彼此的包容性與契合度了。此外，如果你們想結婚，也不能無視生活中的日常開支，這也需要一定的物質保障。」

顯然，安迪為人更隨和，經濟條件也相對好一點，難道他是更合適的結婚對象？想到這裡，卡洛琳有些糊塗了，變得游移不定。與好友討論了一個週末，卡洛琳也沒有做出最後的選擇。

在一個急速變革的年代，人們面臨著各種機會，也承受著各種無形的壓力。尤其在大城市，單身人士走入婚姻的機會成本更大，所以他們不得不保持單身，甚至有人寧願選擇單身。

一般來說，學歷高、收入高的單身人士有更挑剔的要求，經濟上的獨立讓他們有更大選擇權，也更注重內心感受，因此在外人看來他們總是對婚姻挑三揀四。隨著年齡增大，同齡人中的單身人數驟減，可供選擇的結婚對象越來越少，無疑也加大了脫單的可能性。

● 因為不想擁有將就的婚姻而單身

「男大當婚，女大當嫁」，這是華人固有的傳統觀念，並且仍然在影響父輩的思想。在他們看來，結婚與上下班一樣，到了這個年齡就必須提上議程，如果錯過了最佳時機會造成不可挽回的損失，或者留下深深的遺憾。

每逢團聚的時候，尤其是春節回家過年的那幾天，適齡的姑娘、小夥子總是被七大姑八大姨盤問，然後催促著早點結婚，或者安排一場場相親。年輕人有自己的想法，或者沒有遇到對的人，或者物質上缺乏足夠的準備，然而華人對結婚這件事兒總是有一種執念，所以父輩們絕對那些不結婚的理由都是牽強的藉口。

也許父輩們能夠與一個看上去還不錯的人結婚，擁有一段看上去還湊合的婚姻。但是，讓現在的年輕人這樣做，斷然無法接受。生活中，確實有一些人按照父母制定的方案行動，順利結婚生子；但是，年輕人一旦在婚後生活中磨合不到位，或者遭遇無法調和的矛盾，他們會果斷選擇離婚，絲毫不會忍氣吞聲。從城市到農村，年輕一代的離婚率大增，也就絲毫不奇怪了。

無論固執地堅持單身，還是婚後貿然離婚，年輕人的做法顯然不被父輩理解。有一點是相同的，大家都對婚姻挑三揀四，不肯屈就自己。因為不肯湊合過日子，人們結婚的選擇成本變大了，那些需要再次走入婚姻的人也要支付更高昂的成本。

沒有情感導向或者缺乏物質基礎的婚姻，都是不可靠的；因為交往不充分，彼此的缺點掩蓋優點，三觀不合導致矛盾無法調和，這樣的婚姻成了一種折磨。存在即合理，越來越多的人對婚姻抱有挑剔的態度，說明人們更在乎內心的感受，更尊從內心的真實想法，這是一種心理訴求。

● 因為婚姻太重要，所以不敢輕易結婚

對那些單身的人來說，不著急結婚不是覺得結婚不重要，而是覺得結婚太重要，所以不敢有絲毫草率之舉。結婚的關鍵，不是早或晚，而是選擇對的結婚對象，然而心甘情願地結婚。

因為還沒有遇到有感覺的人，因為錯過了真正相愛的人而無法忘記過去，因為物質困窘不能成全一段好的姻緣，許多人不願意隨便與人將就過日子，所以他們固執地選擇了單身。出於種種原因，年輕人面臨的選擇成本加大了，這讓結婚變成了一件困難的事情。

在經濟學上，消費者在過剩市場條件下做出購買選擇之前，需要認真考察各種備選對象；備選集內部備選的產品越多，消費者選擇的難度越大，即選擇成本越高。今天，隨著升學、就業、經商活動日益頻繁，人們不再侷限於某一個地域，接觸的人越來越多，面對的潛在結婚選擇對象也日益廣泛，到底誰才是那個共度一生的人？的確讓人摸不到頭腦。

面對太多選擇，面對不確定性的未來，人們內心缺少安全感，更期望獲得穩定的感情，對婚姻寄予厚望，結果因為用力過猛讓原本簡單的一件事變得複雜起來，甚至有些變形。這導致越來越多的人不敢結婚了。

【經濟學解讀】．．．

將就的婚姻就像沒有地基的房子，不需狂風大浪摧殘，只要時間久了就會坍塌。對婚姻挑剔的人，就是害怕擁有這種不可靠的婚姻，加大人生成本。

一段穩固的婚姻，既需要融洽的情感關係，也需要堅實的物質基礎。社會變遷與轉型時期帶來觀念鉅變，經濟變革導致財富取得能力不一樣，都深刻影響到年輕人的心態，他們在談戀愛這件事情上缺少勇氣與包容，導致雙方無法讓心靜下來，在追求婚姻的過程中付出了高昂的代價。

工作解放了女性

　　像其他各種科學一樣，經濟學從事研究某些原因將產生哪些結果，但這種因果關係不是絕對的，而是受到以下兩個條件的限制：第一，假定其他情況不變，第二，這些原因能夠不受阻礙地產生某些結果。

　　今天，很多年輕人喜歡精神獨立，不願意接受任何束縛，甚至為了追求自由的生活而選擇單身。其實，單身也未必是一件壞事。畢竟把精力放在自我發展上面，確實有助於個人成長和進步。

　　在個人專業方面有所建樹，在工作中小有成就，享有充分的獨立經濟，不必再向父母伸手要錢，這確實值得稱道。尤其對女孩來說，她們依照自己的思維方式行動，越活越年輕，越單身越優秀。

　　不同於傳統社會依附於一個男人，今天許多女性透過工作實現了經濟獨立，婚姻作為保障生活的功能退化，因此女人不再降低標準把自己嫁出去。這時候，結婚必須建立在深厚的感情基礎上，就變得十分迫切。對愛情堅守「寧缺毋濫」，用更多自由和時間發現生活、工作的美好，成為年輕人的誓言。

　　然而，有了更好的物質基礎、更大的選擇自由以後，許多人並沒有順利找到合適的伴侶，反而保持單身狀態。為什麼會出現這種狀況呢？不得不承認，單身潮是社會經濟發展的產物。工作徹底解放了女人，讓她們獲得物質、人身自由的同時，也增大了單身的風險。

1950 年，美國蘭德公司的梅里爾·弗勒德（Merrill Meeks Flood）、梅爾文·德雷希爾（Melvin Dresher）擬定出相關困境的理論，後來由顧問艾伯特·塔克（Albert Tucker）以囚徒方式闡述，並命名為「囚徒困境」。兩個共謀犯罪的人被關入監獄，不能互相溝通。如果兩個人都不揭發對方，則由於證據不足分別被判坐牢 1 年；如果一個人揭發，而另一個人不揭發，那麼揭發的人會因為立功而獲釋，不揭發的人會被判刑 10 年；如果互相揭發，則因為證據確鑿，兩個人都被判刑 8 年。

兩個囚徒都不信任對方，因此傾向於互相揭發，而不是同時保持沉默，結果在博弈中給自己帶來最大損失。「囚徒困境」在經濟學上得到廣泛應用，被用來解釋價格競爭、環境保護、人際關係等類似情況。

經濟越發展，提供的工作機會越多，單身男女的比例就越大。這一點也可以用「囚徒困境」來解釋。擺脫物質束縛的男女更追求精神自由，將愛情完美化、神聖化，一旦對方出現瑕疵就無法忍受，產生溝通障礙也不會耐心磨合。許多人的分手理由其實並不值得推敲，不過是當事人繼續保持單身的藉口。

當男女雙方都有能力養活自己的時候，意味著他們實現了真正的平等。一些經濟獨立的女性在物質上不依賴男人，不需要找個男人結婚來獲得生活保障，因此她們對婚姻的需求就不那麼強烈了。如果男方也持這種態度，那麼雙方在戀愛、結婚這件事上就失去了合作機會，彼此單身的機率大增。

● 對婚姻期望值越高，單身的機率越大

在許多大城市，有不計其數的大齡單身人群，人稱其為「第四次單身潮[08]」。那麼，是什麼原因引起單身人群暴漲呢？顯然，這與整個社會變遷有關。

伴隨著城市化浪潮，人口向大城市流動，城市則彙集了一大批高學歷單身人士。他們收入高、學歷高、職位高，對婚姻有更高層次的追求。其中，單身女性希望能夠嫁得有品質，而不是像以前那樣嫁出去就不錯了。這就導致很多女性對婚姻要求過高，從而成為大齡單身女。

一項調查顯示，在相同條件下，女性比男性對婚姻的要求更高。擁有一技之長，實現了經濟獨立的女性聚集在大中城市，希望在這裡找到歸宿，等待那個對的人出現。

● 對婚姻市場行情盲目樂觀，導致在博弈中受損

今天，許多在大中城市工作的女性收入不斐，絲毫不比同齡男性遜色，甚至超越了對方，成為業內的佼佼者。另一方面，她們又希望結婚對像在收入、職位等方面勝過自己，這需要條件更加優秀的男性與之匹配，無疑增加了結婚的難度。

事業有成、成熟穩健的男人畢竟是一種稀缺資源，他們大多有了自己的家庭，這直接將許多單身女性排斥在外。而單身女性年齡越大，勢必需要男方的年齡也越大才能與之匹配，年齡大且事業有成的男人顯然也是少數。通常，男性但凡有點物質基礎，大多會選擇結婚生子，因此

---

[08] 20 世紀末，隨著經濟的飛速發展和女性自主意識的提升，第四次單身浪潮逐漸顯現，主動選擇單身的「單女」明顯增多，而且還帶動了「單身經濟」，據調查，30.35% 的單女在「攢錢買房」，比例超過了「買衣服和美容」，今天這種浪潮更明顯了。

單身女性可供選擇的餘地其實並不大。

很多單身女性對婚姻市場的真實行情缺乏正確認識，因為盲目樂觀估價造成一次次遺憾，這樣的情形屢見不鮮。有的女性高估了自己的實力，對婚姻提出了不合實際的要求，結果隨著年齡增大，局面對自己越來越不利。身邊的好男人都被挑光了，選擇範圍越來越窄，這加劇了她們內心的焦慮。如果最後找個人湊合結婚，這種心理落差也是難以承受的。

擺脫囚徒困境帶來的巨大損失，需要當事人在博弈中做到換位思考。單身女性不要總是要求男方能給自己提供什麼，同時也要思考自己能為對方帶來什麼。對女人來說，能夠順利嫁給事業有成的男人，可以說是幸運兒。但是並不是每個人都那麼幸運，如果不肯做出適當讓步，只好把自己逼成大齡單身女。

【經濟學解讀】...

隨著生產力水準的提高，很多女性在經濟上開始獨立，對婚姻也提出了更高的要求。有的女性並不想生育子女，只想自由自在地生活，因為不著急結婚而選擇耐心等待，最壞的結局無非是嫁不出去。而那些想結婚生子的女性如果不提早抓住機會，往往讓自己迅速貶值。

成功又有魅力的男人是稀缺品，女人在選擇結婚對像這件事上要做一個理性人，給自己正確定位。在人生博弈中，理性人更能在囚徒困境中獲得較好的結果，脫離實際的決策往往帶來更大損失。

從路徑依賴分析單身女性成為女強人的機率

　　每種職業除了其中不能免的工作疲勞之外還有其他的不利，而每種職業除了貨幣薪資的收入之外還有其他的利益。一種職業對勞動所提供的真正報酬，必須從它的一切利益的貨幣價值中減去了它的一切不利的貨幣價值，才能計算出來；我們對這種真正的報酬可稱為這種職業的純利益。

　　一個女子因為事業而錯過婚齡，又因為放不下事業而在單身的路上走得更遠，已經成為當代社會中很普遍的現象。越成功越難結婚，這似乎成了一種宿命，這在經濟學上這被稱為「路徑依賴」。

　　具體來說，路徑依賴（Path－Dependence）是指人類社會中的技術演進或制度變遷均有類似於物理學中的慣性，即一旦進入某一路徑就可能無法走出來。那些選擇事業的單身女子好像走上了一條不歸路，慣性的力量使她們不斷追求更高的奮鬥目標，在不斷自我強化中離婚姻漸行漸遠。

　　那些經歷過感情創傷或者處於情感真空狀態的單身女人，出於彌補心理總是要得到一些東西，於是事業就當仁不讓地稱為替代品。她們把所有精力都投放到事業上，越努力越不容易得到感情，最後讓單身成了一種習慣。

　　即便有的女強人遇到中意的人，走進婚姻的圍城，但是長期單身形成的自主決策、以事業為主的思維與生活習慣，也讓她們無法適應兩個

人的世界，甚至出現離婚並再次保持單身的情況。

　　美籍華人靳羽西是一個名符其實的女強人，早年她曾有過很多知名的男友，但是始終沒有披上婚紗。這無疑成了父母的一塊心病。有一次，客人對靳羽西的父母說：「羽西很了不起，有 10 億人喜歡羽西，也愛她。」身為嶺南畫派名畫家的父親靳永年，對這句讚美之詞並不以為然：「她只需要一個人愛她就夠了。」

　　全身心投入到事業中，靳羽西名滿天下。雖然遊走於美國上流社會，在感情方面從來都不乏機會，但是追求靳羽西的男人幾乎都這樣說：「羽西啊，你整天這麼忙，哪有時間陪我呀！」直到 1990 年 2 月 11 日，她才與 57 歲的馬明斯在紐約舉辦了婚禮。

　　然而，靳羽西並沒有沉醉於婚後生活，計劃著成立化妝品公司，幫助亞洲女性建立對美的自信。愛爾蘭富翁給愛妻的第一份禮物，就是同意並資助靳羽西創辦羽西化妝品公司。

　　相愛的人能夠相守是很多人的夢想，尤其像馬明斯已步入花甲之年，更渴望妻子的溫存。可是靳羽西卻不得不離開丈夫，在遠離美國的地方開拓事業。他們對生活的理解開始出現分歧。一心追夢的女強人無法停下奮鬥的腳步，最後在苦澀和惘然中與丈夫和平分手。

　　經過風風雨雨，羽西重新又回到了單身貴族的行列。她覺得從前的婚姻提供了很多教訓，並且不想再犯這樣的錯誤。「我現在很快樂……誰說單身就意味著寂寞孤獨呢？」這個世界上沒有人可以讓你永遠依靠，除了你自己，女性首先要在經濟上獨立，其次是在思想上獨立，這樣才能擁有無窮的魅力。

　　靳羽西是一個不折不扣的敢於冒險、有進取精神的人，童花頭、明眸紅唇，在電視螢幕上用不太流利的中文介紹世界。憑藉電視和口紅，

第二章
道路的選擇，事業或是婚姻

她讓上一代華人看見了一個「美麗新世界」。這個美的使者，這個分別以學者，作家，記者，電視人，社會活動家以及企業家身分出現的華人女人，幾乎將自己所有的精力都集中到了自己熱愛的事業上 —— 架起東西方文化交流之橋。

在完全競爭的市場條件下，一個女人如果想有所成就，在事業上蓬勃發展，必須比其他人付出更多。從經濟角度看，婚姻是需要很大投入的產品，包括喪失個人自由、耗費時間和資金。顯然，單身女人輕裝上陣，沒有家庭的牽掛和羈絆，更容易集中精力大展拳腳，收穫更多。

一個女人過了 27 歲還沒有結婚，那麼她在工作中打拚多年，已經有了不斐的收入。這時候，如果選擇結婚生孩子，勢必在妊娠期耽誤事業發展，甚至一些做到中層的人會被更年輕的下屬取代。有的女人不想放棄，甚至把事業看做自己的孩子，唯有繼續保持單身。

為了避免出現上述尷尬的狀況，現在有的女孩大學畢業就結婚生子，然後全身心投入到工作中去，等到 30 歲以後也會小有成就。那時候，孩子已經上小學，就少了大齡單身女子結婚、生孩子的麻煩，更容易得到委以重任的機會。

在現實生活中，被女人看作是人生依託的有兩樣東西：婚姻和工作。當婚姻變得缺乏安全感並不容易獲得的時候，越來越多的女人把精力投放到工作和事業中去，在強大的物質基礎、自我實現基礎上找到寄託和慰藉。

今天，越來越多的女人憑藉才華、努力在工作中與男人同臺競技，贏得了一席之地，也得到了社會的尊重。正如美國惠普公司前執行長兼總裁卡莉‧菲奧莉娜（Carly Fiorina）所說：「當你做事業的時候，不要把自己當作一個女人，我從來不按著『男人應該做這個，女人應該做那個』的方式來思考問題。」

　　隨著年紀漸長，婚姻的機會就會變少，單身女子在事業有成之後希望從婚姻中得到情感寄託、家庭的福利。這時候，事業和婚姻也許會出現一個交點，如果能夠適當降低對婚姻的條件，放棄對愛情不切實際的想像，顯然還有機會走入婚姻的殿堂。

【經濟學解讀】...

　　一項統計數據顯示，目前全世界女性創業人數已經占到創業者總數的 30%，甚至在某些領域所占的比例更大。在美國，有 80% 的女性在為自己工作。在以男性為主導的社會裡，越來越多女性開始為自己而活，開創出自己的事業。

　　單身女子更容易在事業上有所成就，成為世人眼中的女強人。不過，她們未必單身一輩子，主要是年輕的時候將時間和精力投放到了工作、事業中去，推遲了結婚的年齡。一旦她們事業有成，充分展示出自身魅力、經濟地位，無疑更有利於憑藉優秀的條件覓得另一半。

事業上的成就不會背叛你

對於具有一定貨幣價值的貨物的支配權，而能用於任何目的者，常稱為「自由」或「流動」資本。

對每個人來說，事業是一生的立足根本。它不僅是生存的需要，也是實現自我價值的展現。在這個世界上，任何人都可能背叛你，只有相隨一生的事業不會辜負你。

在情感的世界裡，沒有人可以保證雙方會天長地久，當緣分走向盡頭的時候，如果你有一番事業或者在工作中有所建樹，那麼就有果斷分手的底氣。一段濃烈的感情破裂之後，即便心理上的傷痕再深，時間也會撫平它。反之，如果一個人沒有立足之地，缺少相應的財力，很難在短時間內建立自信，重新找回自我。

為什麼曾經海誓山盟，轉瞬之間卻形同陌路？因為感情不可靠，人性是自私、多變的。即便對方信誓旦旦說愛你一輩子，但是它只是某個時刻的情感表達，你無法保證對方永遠不變心。顯然，在道德上要求對方信守諾言是不可靠的。

早在 20 世紀 80 年代，西方經濟學家就提出了一個經濟哲學範疇的概念——道德風險。它的主要內涵是，「從事經濟活動的人在最大限度地增進自身效用的同時，會做出不利於他人的行動」。換句話說，訂立合約的一方不完全承擔風險後果，會為了實現自身效用最大化而做出自私的舉動。顯然，另一方要承受這種行為帶來的負面影響，甚至是某些傷害。

　　具體到一段戀情中，你永遠無法保證對方會在某個時刻背信棄義，在感情上承受巨大傷痛。你唯一能做的是，永遠提升自己的前途，在工作、事業上拓展發展空間，保證一段感情結束後具備抗擊打能力，甚至迅速開始下一段感情。換句話說，只有事業不會背叛你，取得更多物質財富，在事業上不斷精進，會極大地降低情感中的道德風險。

　　宋珂在一家公司擔任銷售經理，雖然過了三十歲，但是他仍然沒有結婚。上個月，公司應徵了 8 個銷售員，其中一個名叫李丹的女孩引起了宋珂的注意。

　　李丹個性開朗，說話極有分寸，入職以後很快適應職位要求，表現非常出色。宋珂與她有過幾次接觸之後，認定這個女孩就是自己一生的伴侶，於是對其展開了瘋狂的追求。然而深入了解之後，宋珂才知道李丹是一個只有 24 歲的單親媽媽；雖然有些吃驚，但是這絲毫沒有影響他對她的感情。

　　當然，李丹也非常喜歡宋珂，看到對方執著的樣子，她也動心了。就這樣，兩個人走到了一起。不久，宋珂因為工作失誤給公司造成重大損失，被解除了銷售經理的職位，收入銳減。一開始，他毫不氣餒，尋找新的職位。但是，求職屢屢碰壁，整個人變得毫無生氣。

　　禍不單行，李丹對宋珂的感情開始產生微妙的變化。她開始頻繁加班，工作越來越忙，確實業績不俗。兩個人的收入發生了逆轉，李丹在心態上也與以前不一樣了，對宋珂似乎不那麼友善了。最終，她主動提出分手。

　　這個生命裡最重要的人竟然這麼對待自己，宋珂顯然無法接受。面對現實，他不得不承認眼前的一切都是真實的，最後與李丹分道揚鑣。

　　財富、職位會對男女的感情產生微妙的影響，這是冷冰冰的現實。

宋珂體會到了「窮在大街無人問，富在山中有遠親」，不禁感慨萬千。隨後，他繼續尋找發展平臺，終於有了施展抱負的機會，多年後成為業內有影響力的通路商。

在財富自由、戀愛自由的時代，人們享受著自由選擇的快樂，也要承受在財富、情感上遭遇挫折的打擊。當風險無所不在，許多男女因為懼怕道德風險有些不敢愛了，或者愛得不徹底了。為了提升愛的能力，增加贏得愛的籌碼，越來越多的人更專注於在工作中有所建樹，在事業上層層躍進。畢竟，一個人有過硬的專業能力，任何時候都有飯吃。

面對一夜情、婚外情漫天飛舞、**離婚率** [09] 居高不下的尷尬場面，如果眼前的一段感情無法令人勇往直前，那麼當事人更傾向於將個人時間、精力投放在工作或事業上，抓住這些實實在在的東西。

● 有事業支撐的人會選擇主動單身

新時期單身潮的出現，與當今女性財富自由、精神獨立趨勢日益擴大有重要關係。當人們實現了經濟獨立，就擁有了自主選擇婚戀對象的實力，不會在情感上將就。那些有事業支撐的人有更高的擇偶標準，即便到了結婚年齡也不會匆匆步入婚姻的殿堂；而有的已婚人士一旦發生情感破裂，也有底氣選擇分手，再次主動單身。

● 事業上毫無建樹是單身的重要原因

物質決定意識，也左右人的情感與心理。男女雙方走到一起，離不開必要的物質支撐，以及職業聲望等外在的東西。經驗表明，一個有自

---

[09] 離婚率是指在一定時期內（一般為年度）某地區離婚數與總人口之比。通常以千分率表示。
計算公式為：離婚率＝（年內離婚數／年平均總人口）×1,000‰。

信和人生目標的伴侶，更值得期待和信賴，對自己也有正面的激勵和推動作用。起碼，對方不會成為一種負擔，讓美好的情感生活黯然失色。

因此，在一段感情中不喪失自我，持續取得傲人的業績，更能降低對方選擇與你在一起的風險。那些無法獲得穩定情感的人，往往在工作或事業上也飄忽不定，在經濟上缺乏持續穩定的保障，二者是互相影響的。

【經濟學解讀】...

通常，道德風險是由資訊不對稱問題引起的。你永遠不知道對方會在什麼時刻結束這份感情。那些缺乏自我成長能力與事業拓展空間的人，等於把自己的命運押到別人身上，把自己的人生拴在了他人的戰車上，隱藏著巨大的危機。

無論已婚還是單身，都是一種人生狀態。掌握人生主動權的祕訣是，在工作中培養專業能力，在事業上有所建樹，進而具備獨立的人格和財務基礎。如果做到這一點，你就能在對方心目中顯現出獨特的魅力，無懼分手或單身。

選擇了事業所付出的沉沒成本

一項資產的價值，總是它未來收入的折現，而過去投入的成本是沉沒成本，不論大小都不影響資產的現值。

那些把事業放在人生第一位的單身女子，傾其所有提升個人專業能力，讓自己變得更加優秀。與之對應，她們選擇戀愛或結婚對象時，對方必須更加出眾才能匹配，這在無形之中淘汰了一大批候選人，只有那些素養俱佳、**高淨值** [10] 單身男士才能入選。

顯然，讓一個事業有成的女人降低擇偶標準，像剛畢業的女孩那樣找一個人結婚，是萬萬做不到的。對她們來說，這些年在事業上投入了太多時間、金錢、精力等，如果降低擇偶標準，對職場上的成功選擇性忽略，從內心深處來說是萬萬不能接受的。

在經濟學上，把上述這些已經發生不可收回的支出稱為「沉沒成本」（Sunk Cost）。具體來說，它是指由於過去的決策已經發生了，而不能由現在或將來的任何決策改變的成本。顯然，人們在進行選擇的時候，不僅著眼於當下的一切，還會審視自己過去的投入，以及未來的預期回報。如果過去的投入在決策中沒有展現出來，那麼就產生了「沉沒成本」，這對個人而言是一種損失。

蘭妮出生於一個富有之家，父親是一家廣告公司的經營者。為了擺

---

[10] 高淨值人群一般指資產淨值在 100 萬美元資產以上的個人，他們也是金融資產和投資性房產等可投資資產較高的社會群體。

脫家庭的光環,爭強好勝的蘭妮從大學時代就投身建築設計專業,畢業後在一家大型建築公司任職,一度成為公司的設計總監。隨後,她獨立創業,成立了一家建築設計工作室,迅速接到了大量訂單。

多年忙於學業和事業,蘭妮在個人感情問題上一直沒有進展。在公司裡,她平時戴著一副黑框眼鏡,穿著整齊的職業裝,說話富有邏輯性,並且言辭犀利,絕不拖泥帶水。員工對這個領導既敬重,又有些畏懼。

雖然在外界看來,蘭妮像一個無所不能的魔女,有點不食人間煙火,但是她也是個內心柔弱的女人,渴望有人呵護,並在一段忙碌之後感覺到孤獨。花兒沒有雨水澆灌就會枯萎,女人少了愛情滋潤也會凋謝,蘭妮意識到自己需要一段戀情,步入婚姻的殿堂。

隨後,她撥通了同學的電話,聯繫到久未謀面的好友,透露出請對方介紹男友的意思。在三個月的時間裡,蘭妮像走馬燈一樣約見了多個男子,但是沒有人合乎要求。哪裡出了問題呢?與朋友溝通之後,對方讓她降低標準,這顯然非常困難。條件優秀的職場菁英擺脫不了單身困境,這聽起來有點匪夷所思,卻真實存在。

有人認為,家庭才是女性的主戰場,只要將家庭照顧好,女性就完成了使命。然而這種觀點在今天越來越沒有市場了,更多優秀女性在職場上大展拳腳,絲毫不必男性遜色。選擇事業的單身女子推遲了結婚年齡,是成長的代價,也是社會轉型時期的成本付出。

● 沉沒成本讓婚姻選擇變得更加艱難

投資一個專案,最終需要投入 1,000 萬;但是投入 500 萬之後,你開始懷疑這個專案存在風險,此時如果選擇放棄就會損失已經投入的 500 萬元,這部分「沉沒」的資金就是「沉沒成本」。

　　一個女孩子在大學裡愛上一個人，剛畢業的時候可以追隨他到天涯海角。因為那時候一切都沒有開始，生活可塑性強，其實就是沉沒成本很低。三年以後，如果這個女孩在上海立足，並在工作中被委以重任，那麼再讓她跟隨男友到一個二線城市結婚、發展，就變得非常困難。

　　顯然，每個人都會權衡利弊，精確地計算個人得失。參考自己的年齡、城市前景、職業方向等因素，當事人會認真分析各種選擇帶來的結果，並優先選擇對自己最有利的那個方案。可以馬上開始一段戀情，但是需要這個單身女子放棄收入不斐的工作，確實需要仔細考量一番。除非她能在另一個投資 —— 婚姻市場上獲得更好的回報，也就是能收回在事業上的投資，否則她不會放下當下的一切。

● 把沉沒成本變成競爭優勢

　　天下沒有免費的午餐，人際關係的基礎是利益、實力的權衡。無論友情，還是愛情，大多以經濟基礎或事業基礎做為支撐，並且離不開實實在在的物質利益。

　　一個女人在事業上打拚多年並有所成就，已經讓自己變得足夠優秀，她們對未來的男友或丈夫提出更高的標準，自然是情理之中的事情。那些優秀女人暫時單身，沒有遇到合適的戀愛對象，只是過渡時期的狀況。只要擴大社交圈，這些人一定可以覓得意中人。

　　「沉沒成本」可以解釋優秀女子為何會成為單身人群，並不意味著她們會永遠保持單身，甚至孤獨終老。把沉沒成本變成競爭優勢，優秀的職場女性更容易在婚姻市場上勝出，優勝劣汰的規則不會失靈。

　　在當代社會，團隊和個人的地位並不取決於道德的權威與影響力，而是取決於自身的經濟實力、專業水準。一個男人有豪宅名車，身價不

斐，他的身價令人豔羨，不會缺少愛慕者與追求者。同理，一個女人在職位上小有成就，或者成為高淨值人士，那麼她選擇更好的男子也變得非常容易。對那些普通女子來說，與優秀男人牽手本身就是一件困難的事情。

【經濟學解讀】...

　　沉沒成本是一種歷史成本，對現有決策而言是不可控成本，會相當程度上影響人們的行為方式與決策。從這個意義上說，在投資決策時應排除沉沒成本的干擾。

　　在商業世界中，理性人每次做出決策都不是衝動而為。通常，他們在決定是否去做一件事的時候，不僅看這件事對自己有沒有好處，還看重過去在這件事上的投入。如果收益小於付出，也就是產生了「沉沒成本」，他們會變得非常謹慎，絕不會貿然行動。那些優秀女子選擇單身，就是不肯對「沉沒成本」進行妥協。

　　單身女子事業越強，越希望有完美的感情，從而得到補償。但是，優秀男士在婚姻市場上也是稀缺的，如果不能擴大交際範圍，或者適當降低選擇標準，你要有繼續單身的心理準備。

愛情不應成為男人的避難所

　　壟斷者，透過經常保持市場存貨的不足……以遠遠高於正常的價格出售他們的產品，從而無論在薪資還是在利潤方面都提高他們的報酬。

　　在兩性關係中，女性更注重感情，男性更理智。但是，也有一些男性把愛情看得過於重要，而影響到理性判斷，讓自己限於被動局面。

　　顯然，一個男人對某一個女人過於痴情，就喪失了一切議價能力，而女方具有了壟斷性，可以說一不二。在這場博弈中，女方可以輕易實現利益最大化，而男方只有束手就擒。一旦女方對男方不感冒，或者主動選擇從感情中撤退，那麼男方就失去了一切，成為一無所有的孤家寡人。

　　在經濟學上，買方壟斷（Monopsony）指只有一個買者而賣者很多的市場型別。買者具有了壟斷性，勢必為了實現個人利益最大化而積壓賣方的利潤，讓後者喪失主動權。對男人來說，如果把一份感情看得至高無上，而忽視了在事業上有所建樹，那麼最終可能會失去吸引力，無法擺脫買方壟斷的制約，最後走向被動。

　　過於痴情的男人無法掌控全域性，因此在情感的世界裡屢戰屢敗，其中一些人無法走入婚姻也就不奇怪了。更有甚者，一段感情失敗之後就不再接受新的感情，將以往的愛情當作唯一，這導致他們無法步入婚姻的殿堂。

● 男人不做感情的奴隸，要做事業的主人

每個人都有七情六慾，感情是人類特質的一種思維，它既淺薄又深厚，既純真又費解。它像一隻無形的手，不時地在左右著人們處理各種事情。但是，一個真正理智的男人不會輕易讓感情控制住自己，不會在男女感情問題上鑽牛角尖。

明朝末年，陳圓圓身為「秦淮八豔」之一，被各地名士爭相攀求。國舅周奎把她獻給了崇禎皇帝，但是沒有得到寵幸。後來，陳圓圓被吳三桂納為妾。不久，李自成兵臨城下，京城危在旦夕。隨後，崇禎封駐守山海關的吳三桂為平西伯，命令他入關抗擊李自成。

然而，吳三桂在中途聽到了崇禎自縊身亡的訊息，而且愛妾陳圓圓也被搶走了，不禁勃然大怒。他說：「男子漢大丈夫連心愛的人都不能保全，有什麼面目見人呢！」隨後，他揮師返回山海關，投降了正在進擊中原的清軍。

吳三桂「衝冠一怒為紅顏」，這份痴情或許令人稱道，但是他在建功立業方面卻留下了罵名。從個人損益方面權衡，他終究不是一個贏家。生活中，許多男人身上也有吳三桂這種特質，將感情看得太重，忽視了在個人事業上有所成就，最後反而無法保全那份感情。

感情用事者多是感情不成熟的人。也許有人會說，「感情也會成熟嗎？」是的，人的感情也像果實一樣，有一個成熟的過程。感情成熟的男人相應就很有理智，能夠控制自己的感情，而絕不會感情用事。在兩性關係上，成熟睿智的男人不做感情的奴隸，而是努力做事業的主人，最大程度上避免了陷入買方壟斷的漩渦。

被動陷入單身境地的人，在相當程度上是過於注重感情的人，甚至將愛情當作人生的避難所，希望從這裡得到慰藉。但是，在現實的世界

中，如果失去了談判和議價能力，不可能在情感上有所收穫。因為當你進入買方壟斷的市場，一開始就貶值了，如果完全依賴女方垂青，顯然喪失了主動權。

● 對女人的愛，請保留三分

在《為人準則》裡，蕭伯納[11] 說過：「對愛情，赫克托，你儘管浪漫個夠；可是對金錢，你卻浪漫不得。」在講究規則的商業世界裡，美女是一種稀缺資源，浪漫的基礎是貨幣支付能力。

人們常說，英雄難過美人關。男人面對美女失去理性，再正常不過了。但是，如果一頭紮進一廂情願的幻想中去，那就略顯幼稚了。取得稀缺資源，需要支付高昂的費用，這有賴於事業成功帶來的財富效應。睿智的男人不會痴迷於遙不可及的情感關係，也不會讓它左右自己的心智與事業發展。

面對無情又充滿風險的市場，成熟的男人不會把個人情感摻雜到事業發展中，更不會以個人好惡、感情傾向來左右自己的經營活動。都說溫柔鄉是英雄塚，男人對女人的愛要保持在七分，保留三分。唯有此，才能在處理各種事務時更加淡定從容。否則，一旦在買方壟斷中陷入失敗境地，就真的成了孤家寡人。

對男人來說，愛情伴著激情共生，卻與現實同死。美好的理想和良好的期望，不能代替殘酷的社會現實，愛一個女人不如愛自己的事業，後者會伴隨生命始終，不會遠離、背叛。事業是男人的主心骨，是一個

---

[11] 蕭伯納（George Bernard Shaw，1856 年 7 月 26 日 —— 1950 年 11 月 2 日），愛爾蘭劇作家。1925 年因作品具有理想主義和人道主義而獲諾貝爾文學獎，他是英國現代傑出的現實主義戲劇作家，是世界著名的擅長幽默與諷刺的語言大師，同時他還是積極的社會活動家和費邊社會主義的宣傳者。

人的價值所在。

　　請牢記，男人品德的高尚和善良對虛幻多變的婚姻來講是脆弱的，也是無助的。尤其是在感情這個買方市場上，一個男人的乞求、眼淚與美好的婚姻生活是毫不相干的，這也是他們無法擺脫單身的重要原因。成為勝者的真相是，事業上的成功讓男人贏得話語權和議價能力。

【經濟學解讀】...

　　事業不是感情，感情也代替不了事業，它們永遠像水和油一樣無法交融。男人的本性是追求成功，絕不要把個人感情摻雜到事業、生意中，更不要讓個人感情左右你的經營活動，這是一個男人成功的主要法則之一。

　　男人不可避免會陷入到一段感情中，如果不想被拒絕，就要在買方壟斷市場中增強議價能力 —— 在事業上有所建樹。一個男人應該在事業有成的前提下談感情，並且談感情不能影響事業發展與個人成功。那些把愛情當作避難所的人，因為在事業上乏善可陳，反而會在感情上敗得很慘。

權力大於愛情

不存在什麼內在的、本質的、客觀的價值。事物的價值完全依賴於每個個人的主觀判斷。

在許多悲情小說中，女主角總是對男主角說：「我把一切都給了你，你卻如此忘恩負義。」聽起來似乎有些道理，但是認真想想其實挺可怕！一個人輕易交出自己的一切，不但陷入被動局面，也會讓對方壓力大增，甚至對其避之不及。

從經濟學角度分析，人與人之間的許多關係都是利益交換、平衡的過程，透過合作、協商實現我方利益最大化。那些輕易交出一切的人，不計私人成本的代價，難免讓人心生疑問，這樣做是否有其他不可告人的祕密？

男人與女人永遠處於博弈之中，在愛情與婚姻的世界中，誰都想掌控主動權，卻又經常傷痕纍纍。也有一些女人意識到愛情和男人永遠都不是生活的全部，於是她們要權力不要愛情，在單身中成就了另一種歲月靜好。

對韓國人民來說，2013 年 3 月 25 日是一個歷史性的時刻。這一天，他們迎來了一位新總統 —— 朴槿惠。這個堅忍平和的女人，在傳統男權主導政壇的背景下，成為韓國第一位女總統，帶給人們強烈的震撼。

身為韓國前總統朴正熙的女兒，朴槿惠曾經與權力靠得很近。但是父母先後遭遇不測，她與弟弟、妹妹不得不離開青瓦臺，淡出了公眾的

視野。1997 年，韓國爆發金融危機，45 歲的朴槿惠決定重返政壇。她加入大國家黨，再次開啟政治生涯，這個「沒有父母，沒有丈夫，沒有子女」的「三無女人」要拯救這個國家！

可以說，朴槿惠的前半生充滿了悲劇色彩，但是她並沒有倒下去，父親堅忍不拔的意志、振興韓國的情懷和母親的善良、博愛都在她身上留下了深深的印記。她在痛苦的蟄伏中知道了什麼是政治、什麼是權力，也學會了如何處理國家大事。

經歷了六十年的沉浮和磨練，昔日的「冰公主」成長為韓國政壇的「鐵娘子」，朴槿惠終於王者歸來，邁向了權力巔峰。

終其一生，朴槿惠堅持單身，在起起落落中經歷了人生的輝煌。在少女時代，朴槿惠曾對愛情有過憧憬。雖然她不是尋常百姓家的女兒，但是也有常人的七情六慾。那時候，對戀愛和愛情是懵懂的，也是美好而珍貴的。朴槿惠從沒談過戀愛，對她來說，與所愛之人共度一生是奢侈的。她有自己的使命，需要拼盡一生去努力。因而，她捨棄了愛情，甘心做一個國家、為事業奉獻終生的人。

與許多女孩兒一樣，少女時代的朴槿惠對將來的愛人有一種隱隱的期待。與其說她傾心於《三國演義》中的趙子龍，不如說心中的「白馬王子」就如趙子龍一般英俊、勇敢、忠誠、專一。那時候，朴槿惠過著公主般無憂的日子，然而身分的特殊，以及接連而至的厄運讓她終與愛情無緣。

在未來的日子裡，這個堅強的女人選擇了與權力相伴終生，併為其努力奮鬥。她始終明白一點，愛情不是人生的全部，女人也可以像男人那樣有更大作為，拓展更廣闊的發展空間。毫無疑問，朴槿惠選擇單身的私人成本也是巨大的。她嘗遍人世艱辛，有過輝煌的時刻，也孤獨地

度過了人生中最灰暗的日子。

經濟學中，私人成本（Private cost）是指單個使用者為了能夠使用某一資源而帶來的費用。那些從事政治活動，為了獲得更高權力而犧牲愛情、婚姻的人，顯然沒有更多時間享受甜蜜的二人世界，甚至完全放棄了走進婚姻殿堂的機會。對他們來說，其從政的私人成本就是單身的代價。

在臺灣地區，政商界女性選擇獨身的比例很高。這些女強人權傾一方，少了家庭生活的溫馨，沉浸在權勢的亢奮之中。當然，良好的經濟基礎是她們自立的本錢，殷實的家底和讓人稱羨的工作讓她們長袖善舞，影響著眾多女性的價值觀。

比如，國民黨「立委」洪秀柱身材嬌小，聲音洪亮，在政界有「小辣椒」之稱。由於常年忙於政治活動，她一直沒時間涉足個人感情，所以至今仍然保持單身。對此，洪秀柱並不消極悲觀，甚至這樣自嘲：「我要成為閣員恐怕比出嫁容易，真是出閣更比入閣難。」

據說，有人曾經問洪秀柱：「為何讓然保持單身？快找個人嫁了吧！」還沒等她回答，旁邊一位同事笑著說「去哪找這麼十惡不赦的男人？他犯了什麼錯要受這種折磨？」由此可見，鏗鏘玫瑰選擇單身已經成為一種合情合理的存在，甚至是這個自由開發時代一道獨特的風景線。

● 最大的私人成本不是投入時間和精力，而是面臨危機無能為力

單身與婚姻是一枚硬幣的兩面，一個人可以經歷過這兩種不同的狀態。許多人心甘情願地為家庭付出了一切，忽然有一天發現在婚姻中喪失了自我，在結束一段感情時竟然毫無選擇與談判能力。

現實告訴女人，無論自己的婚姻狀況如何，婚姻都不是生命的唯一

支點。男人是飯後的甜點心，女人堅持自我、獨立才是正餐。做到了這一點，即使婚姻、戀情面臨危機，也不會有「全軍覆沒」的感覺。

● 做一個成功的女性領導者需要更高的投入

雖然女性已經闖入了男性主導的舞臺中心，但是如果想有更大作為，顯然需要比男性付出更多艱辛。在完全競爭的情況下，私人成本高昂仍然是許多女性在權力之路上獲得突破的障礙。

單身女性加入取得權力的競爭，扮演好領導者的角色，需要在人事管理方面協調得更好。樹立獨特的職業形象、努力做到公私分明、不傷害男人的自尊心、學會客觀地接受批評、在相處中尋求共同點等，都能幫助女性在躍進之路上持續提升個人領導力。

【經濟學解讀】...

是否保持單身，完全是一種私人行為，是經濟人自主選擇的結果。當然，任何選擇都有成本支撐，既然投身波瀾壯闊的政治活動，就可能少了溫情的花前月下。鏗鏘玫瑰自由綻放，終究是這個時代的進步。

「冰，是堅硬萬倍的水，結水成冰，是一個痛苦而美麗的昇華過程。」單身女性要權力不要愛情，展現了一種價值觀，也是在選擇一種生活方式。她們讓世人看到，取捨之間最糟糕的局面不是深陷囚籠，而是無法完成一場絢麗的人生突圍。

第三章

非價格競爭，單身男女的煉成

　　許多人購買一件商品，首先看價格，但是決定是否購買的因素絕不限於價格。婚姻以感情為基礎，然而現實世界的男女關係也受到財富、父母、年齡等因素的影響。單身男女的出現，在相當程度上是非價格競爭作用的結果。

當窮小子遇上拜金女

收入的差別最主要是由擁有財富的多寡造成的。和財產差別相比，薪資和個人能力的差別是微不足道的。這種階級差別直到今天也還沒有消失：較低層的或工人階層的父母常常無法負擔把他們的子女送進商學院或醫學院所需的費用 —— 這些子女就被排除在整個高薪職業之外。

社會上存在一種女人，她們盲目崇拜金錢，將其看作最高價值。無論做任何事情，她們認為一切都要服從於金錢，因此被稱為「拜金女」。與「拜金女」對應，有一種男人薪資不高、家庭出身不高、社會地位不高，沒有優厚的物質生活條件，他們被稱為「窮小子」。

「拜金女」追求物質，「窮小子」沒有優渥的條件，本應沒有交集的兩類人，如果錯誤地走到了一起，注定不會有預期的好結果。

如果運用經濟學理論分析現代社會出現的這類現象 —— 窮小子愛上拜金女，不難發現其實質上違反了資源稟賦理論 —— 發揮自身優勢，揚長避短，進行投資，並使效益最大化。

「窮小子」與生俱來的標籤就是「窮」，這意味著他們在金錢或物質上很貧瘠。這個標籤突出了「窮小子」的劣勢，如果他們與「拜金女」走到一起，那麼自身的劣勢將會展現得淋漓盡致。

即便「窮小子」有積極上進的心態，有辦事能力，踏實工作，然而在一定時期內他們擁有的資源也不足以滿足拜金女的需求 —— 對生活、物質的高品質追求，不能給予她們虛榮心的滿足。

而「窮小子」自身的優點——踏實、肯幹等，在拜金女面前一無是處。所以，「窮小子」愛上拜金女是一次不會產生收益的投資。顯然，他們只有將自身的優勢投資到懂得欣賞的對象（即不看重物質，而是注重人品等方面）身上，才能發揮其資源稟賦。

在現實生活中，的確有看不清自己，對拜金女充滿幻想的「窮小子」追求夢想中的愛情，他們天真地以為真心的付出就能得到相應的回報，然而大多事與願違。

出生在一個貧困的農村家庭中，張恆從小飽嘗了生活的艱辛。這讓他很早就養成了勤儉節約的習慣，在學習上也很努力刻苦。而齊萱也生活在農村，但是家庭條件相對殷實，從小就沒有受過苦。

張恆和齊萱是高中同班同學，高考那年都考入了大城市的大學。齊萱在高中時對張恆就有好感，考入大學後就向張恆表白了。張恆雖有顧慮仍然欣喜地接受了這份感情，兩人的戀情開始了。

四年的大學生活，張恆逐漸退卻了農村傻小子的稚嫩，透過歷練變得成熟穩重。透過勤工儉學，張恆負擔了齊萱大部分生活費，而這個女孩沉醉於大城市的華麗，慢慢成了一個「拜金女」。

齊萱的大學室友都出生在經濟條件優越的家庭，穿戴都是名包、名錶，而這些名品的價格一開始超出了普通人的想像。在這樣的環境下，內心虛榮的齊萱越發看重金錢。起初，齊萱為了買一雙品牌鞋花光了一個月的生活費，後來為買包透支了大額度的信用卡。一開始，張恆只是覺得齊萱花錢大手大腳，提醒她注意節儉。但是，後來齊萱越來越離譜，經常去夜總會、酒吧等娛樂場所，身邊圍繞著各式各樣的男人。

為此，兩個人發生了多次爭吵。張恆多次向齊萱訴說自己對未來的規劃，但是女友卻對腳踏實地的努力產生了質疑。雖然嘴上答應張恆踏

踏實實地生活，但是私底下結交有錢男人。

四年大學生活中，張恆拚命打工賺學費、生活費，甚至貼補齊萱。但是，內心物質欲膨脹的女友根本不滿足。最終，張恆意識到兩個人終究無法走到一起，於是忍痛分手。

在經濟學上，「資源稟賦」是指一國擁有各種生產要素，包括勞動力、資本、土地、技術、管理等的方面。資源稟賦的差異，決定了一個國家經濟發展的模式、競爭優勢；對個人來說，男女雙方的價值觀、生活理念決定了他們在一段戀情或婚姻中的匹配度。如果這方面差異過大，或者不匹配，那麼雙方注定無法繼續下去。

推而廣之，如果一個人物質匱乏、性格不合群，在資源稟賦上無法贏得異性的青睞，那麼他（她）就無法告別單身，開始一段戀情或走進婚姻。對於拜金女，生活中多數男人是會被嚇退的，這是為什麼呢？

● 拜金女是戀愛的對象，不是結婚的對象

多數「拜金女」具有較好的氣質、外形，這是她們的資本和優勢。漂亮的女人更容易讓男人心動，但是與他們談戀愛需要具備雄厚的物質基礎。有的男人極力滿足這類女人的物質需求，卻並不把她們當作結婚對象，一旦厭倦就選擇放手，這對渴望找到歸宿的女性來說是一個危險的訊號。

● 金錢、物質的付出等於增加投資風險

「拜金女」會嚇退愛她們的男人，因為出於對成本投入的考量，投資如果沒有回報，不如規避風險。對於這一點，任何男人都不會忽視。所以，考慮到自身經濟實力，理性的男人會從經濟學角度審視這份戀情。

● 投資自身優勢更能獲得高收益

　　每個人都有優勢或天賦，亦有自身的劣勢，一個聰明的男人懂得經營自己。有的人善於與人溝通、口才極佳，有的人專注、有耐心，有的人有運動天賦、身體體質極佳。窮小子要善於挖掘自身的優勢，讓自己變得更有價值，才容易贏得青睞。

● 把時間和金錢投資於最懂自己的女人

　　男人尋找另一半，可以看作一次投資。好的投資會產生鉅額的回報，而差勁的投資將會本金拿不回來。聰明的男生會選擇一個適合自己的人，而不是過分追求女孩的容貌或者其他外在的東西。戀愛是一個付出金錢、時間、精力的過程，這種投入成本高昂，因此聰明的男人會謹慎選擇投資對象，一旦付出就義無反顧。

【經濟學解讀】...

　　「人窮志不窮」，窮小子透過踏實學習、努力工作可以改變現狀，迎來命運改變的時刻。充分發揮資源稟賦，讓自己變得更有價值，無論對個人成長，還是對戀愛結婚都大有裨益。

　　有的人是主動單身，享受個人自由的愜意。有的人是被動單身，因為資源稟賦處於劣勢而無法找到戀愛或結婚對象。對於後者，努力發現自己的價值所在，並讓其不斷增值才是最應該做的事。

晚婚的男性

假定氣候沒有變化，則平均結婚年齡主要是看年輕人能夠自立和按照他們的朋友與相識的人之中所通行的舒適標準以維持家庭的難易而定，所以，平均結婚年齡對於身分不同的人也就不同了。

隨著現代社會的發展，人們的婚姻價值觀不斷發生轉變，男女結婚的年齡普遍推遲，更衍生出新一代的大齡單身男女。拋開大齡女性不談，大齡男士未婚人群日益成為社會熱門話題。

大齡未婚男士，換一個詞語表達就是「晚婚男士」，他們因為種種原因將婚姻推遲，往往有各種原因。除非他們想獨身，否則最重要的目標還是找到一個合適的伴侶進入婚姻的圍城。

運用經濟學概念分析晚婚男人這一特殊群體，可以引入「銷售費用」這一概念。仔細分析不難發現，晚婚男人的最終歸宿是結婚，「遲」意味著需要經過一段時間，不婚的時間延長。一位未婚男士（或者說晚婚男士）走入婚姻、找到合適的配偶，其實是將自身作為商品推銷出去的過程。

在這個推銷過程中，如何說服可能購買商品（晚婚男士）的潛在消費者將其認購是銷售成功的標誌。商品推銷的過程是一個不斷消耗費用（吃、穿、住、行等費用消耗）的過程，在這裡所產生的費用就是銷售費用。換句話說，晚婚男士的物質基礎就是其展示自身形象，保持銷售順暢的必要條件。

　　為什麼說物質基礎是晚婚男士成功被銷售（找到合適的另一半）的關鍵？這是因為隨著社會生產力的發展，人們的生活條件不斷提高，從解決溫飽問題，到現在追求高品質的生活，時代在不斷發生變化。與之對應，人們的婚姻觀隨著時代的發展也變得越來越現實——愛情仍舊美好，但是變得越來越不純粹。婚戀中考慮的因素越來越多，物質條件作為其中一個重要因素，日益被單身女士看重。在其他條件確定的前提下，單身女士更青睞於具有一定物質基礎的男士。

　　其實，在婚姻中考慮物質的、經濟的因素，是很正常的事情，多數父親在女兒的男朋友提出求婚的時候，都要詢問他的經濟收入，了解他是否有成家的經濟基礎。婚姻必須以愛情為基礎，但不能僅僅有愛情，還需要有一定的物質條件作為婚姻的支撐點。只要不是物質的、經濟的因素之上，把婚姻作為攫取財富的手段，雙方真誠相愛，這樣的姻緣在現階段可以說是相當美滿的。不食人間煙火的、超乎任何物質上的浪漫主義愛情，只存在於夢幻之中。

　　那麼，又是什麼造成了晚婚男人的出現呢？其實，這直接或者間接與物質條件的考量有關。

　　單身女士已經成為當今社會熱門的話題，其實大齡未婚女性越來越多的同時，大齡未婚男性也是如此，並且數量更多。一個突出的現象是單身女士主要集中在城市，而單身男士卻是城市和農村都各形成一個群體。

　　單身女士具有以下基本特徵，高學歷、高收入、高智商，長相也無可挑剔，但因擇偶要求比較高，導致在婚姻上得不到理想歸宿。而單身男士的情況一般有兩種，一種是物質條件優越的男性，擇偶條件相對苛刻，從而讓自己剩下來。另一種情況就是物質條件比較差的男性，擇偶

方面相對困難。雖然他們在擇偶條件一點都不苛刻，但是由於自身各方面條件比較差，所以在競爭中沒有優勢。

有一種觀點認為，當今社會是「田忌賽馬[12]」式的擇偶搭配方式。A 女和 C 男剩下的比例一定是最高的，偏偏 A 女和 C 男還互相接受不了對方，隨著時間流逝，恐怕其中很多人只能無奈面對婚姻遙遙無期的現實了。

農村的大齡男性群體之中，有一些人物質條件較差，娶老婆的道路將變得艱難起來。來自美國經濟研究所的一項調查：「一個三人的華人家庭，92.2% 的有兒子的家庭表示存款與孩子有關，而僅有女兒的家庭這個數字為 86.4%。此外，有 29.8% 的家庭存款是為了兒子結婚，而存款是為了女兒結婚的家庭只有 18.3%。在教育儲蓄方面，同樣也是有兒子的家庭高於有女兒的家庭。」因此，如果家庭經濟困難，父母不能給孩子存錢結婚，那麼將有可能被剩下。這是當前農村的一些真實情況，但是人們很少去關注這裡的晚婚男人。

城市裡的晚婚男人，有一部分是高學歷、高收入，自身物質條件優越。他們身邊並不缺少女人，只是由於各種原因而被剩下。有的晚婚男人在擇偶條件過高，從而讓自己剩下；有的剩男覺得這個花花世界，應該多一點享受，何必選擇結婚？特別是那些高富帥，更願意享受新鮮刺激的生活，而不是束縛在婚姻裡。

晚婚男人的出現，在一定程度上是社會發展的產物。隨著物質生活水準提高，人們對精神世界的追求也越來越高。另一方面，晚婚男人存在有合理的成分，但是如果供應太多，那麼對這個社會的健康發展必然不利。

---

[12] 田忌賽馬出自《史記》卷六十五：《孫子吳起列傳第五》，故事的主角是田忌、孫臏和齊威王，是中國歷史上有名的揭示如何善用自己的長處去對付對手的短處，從而在競技中獲勝的事例。

【經濟學解讀】...

　　晚婚男士的脫單過程，好比經濟學上的產品銷售，產品推廣所消耗的費用（即銷售費用）是產品銷售必要的開支（有利於產品的銷售）。相對於晚婚男士，優厚的物質條件，即生活（衣、食、住、行）的優厚支出，更能展示了晚婚男士魅力，更有利於晚婚男士找到合適的配偶。

　　任何經濟現象或多或少與物質條件有關，晚婚男士實質上是社會生產力發展到一定階段的產物。運用經濟學原理解釋這一現象，可以說是供過於求，即供應量大於需求量，造成資源的不均衡產生。

大齡單身女性

　　賺錢的欲望本身並不一定是出於低等的動機，即使賺來的錢是用在自己身上的時候，也是如此。金錢是達到目的之一種手段，如果目的是高尚的話，則對這種手段的欲望也不是卑鄙的。

　　「剩女」一詞的潛臺詞是超過了適婚年齡的大齡女青年。然而在現實生活中，她們絕大部分擁有高學歷、高收入、高智商，而且長相也挺標緻，有著獨立自由的新思維，在工作上有幹勁，在生活上有要求，在理想上有目標。因此，她們對自己的另一半有很高的要求。

　　對大齡單身女來說，對待愛情或婚姻完全保持一種理性思維。有人分析，這群人難嫁的一個重要心理因素是：房子始終比愛情重要。也就是說，物質基礎是考慮婚姻的前提。

　　從經濟學的角度分析這一心理，顯然是非常合理的。從某種意義上說，大齡單身女都是風險的厭惡者，即喜歡結果比較確定的投資，而不喜歡結果不那麼確定的投資。

　　選擇一個男人好比一次投資，投資就意味著具有風險或者說有不確定性。在這種不確定性的未來預期中，帶給人的更多的是一種恐懼或者說畏懼，造成的結果就是透過理性的分析選擇風險小的進行投資。也就是說，大齡單身女選擇一無所有的男人 —— 沒房、沒車的人一起奮鬥，讓未來充滿了風險；而直接找一個有房有車的人一起生活，不用奮鬥就可以過上好日子，這種投資的結果是確定的，因此多數大齡單身女作為

風險厭惡者會選擇後者。

　　林麗一個 30 多歲的大齡單身女，深深地陷入了失戀與大齡未嫁的痛苦當中。一方面，失戀的那個心結還沒有完全開啟，雖然被男朋友拋棄，但還留戀對方；另一方面，已經年過三十還未結婚成家，難免讓人變得焦慮。

　　與男友相識發生在去年 10 月，當時林麗 30 歲，男友 34 歲。兩個人一見鍾情，迅速相戀。男友在高中做科學研究，工作很辛苦，但是比較穩定。對方家境不算好，而且父母的年齡都很大了，需要人照顧。作為家裡唯一的孩子，男友的家庭負擔較重。

　　起初，林麗考慮過男友的情況，一開始有些猶豫。但是，由於自己年齡也大了，更重要的是比較喜歡對方，所以她選擇開始這段戀情。

　　隨著關係發展不斷深入，一開始的各種甜蜜越來越被生活中的瑣事充斥，生活越來越趨於平淡。男友提出分手的導火線是房子，其實在談戀愛的過程中林麗就談過房子的問題，並且希望兩家一起出資買房。男友一開始同意了，後來有些猶豫。林麗認為，結婚應該共同承擔建立一個家庭的責任，而且北京房價一直在漲，買房越早越好。

　　男友期間提出了幾種不同方案，比如能不能緩一緩，或買遠郊的房子，林麗都沒同意。兩個人的交流越來越糟糕，後來男友打來電話，說房子的事如果談不攏就做個了斷。林麗當時很吃驚，以為對方在說氣話。顯然，男友壓力很大，一面是年邁的父母要養老，一面是自己根本就沒有那麼多錢買房。

　　幾次交涉下來，男友提出分手，這時林麗才意識到問題的嚴重性。她盡力挽留這段感情，不再把買房作為結婚的必要條件，自己看中的是人。可是，男友認為之前「哀求」林麗慎重考慮房子的事情，她都堅持自己的想法，對這段感情越來越沒信心了。

林麗想不通，為何對方會為房子提出分手。如果真不想買，可以好好商量啊！雖然渴望有自己的房子，但是林麗意識到自己年紀大了，再不結婚生孩子都成問題了。而且，自己很中意男友，並不想放下這段感情。儘管表達了不買房也可以結婚的意願，但是男友堅決不同意和好。在這個沒有安全感的社會中，可能男人面臨的生存壓力更大。

分手後，周圍的朋友都勸林麗，說男友脾氣不好，不必留戀。林麗也理智地說服自己，不必為了討好對方放低姿態；同時，又擔心自己年紀大了，找到一個喜歡的人變得更加不容易。事已至此，她只有在焦慮中等待下一場戀情到來。

物質不是大齡單身女考慮的唯一因素，但在都數情況是必須考慮的一個重要因素。「房子」雖然只是居住的地方，但是對女人來說代表著「家」。女人更渴望穩定的生活，房子是一種穩定的心理寄託，也是大齡單身女步入婚姻的臺階。

大齡單身女對穩定生活的追求，超乎於正常適婚的女人，這是因為她們長期不穩定生活的緣故。這也造就了她們特殊的心理傾向 —— 房子比愛情重要。

那麼，大齡單身女如何擺脫難嫁的瓶頸呢？顯然，最重要的是調整自己的心態。畏懼風險，追求穩定，在潛意識中頻繁出現。在缺乏安全感的大城市中，這種理性的固定思維模式讓大齡單身女更加對房子持有偏好。

另一方面，那些有房子的男性大部分都結婚了，剩下沒結婚的單身男人要麼更挑剔，要麼買不起房子。對於前者，大齡單身女並無被選中的優勢；對於後者，大齡單身女變得高不可攀。於是，她們注定無法順利走進婚姻，一再推晚婚齡。

【經濟學解讀】....

　　當面對具有相同預期貨幣價值的**投機**[13]時，風險厭惡者喜歡結果比較確定的投機，而不喜歡結果不那麼確定的投機。

　　千萬不要忽視心理因素對一個人行為選擇的重要性。大齡單身女認為房子比愛情重要，這是一種追求穩定、厭惡風險的心理傾向。同時，這也讓她們難以擺脫難嫁的瓶頸。

---

[13] 投機指利用市場出現的價差進行買賣從中獲得利潤的交易行為。投機可分為實體經濟投機和虛擬經濟投機兩大領域，其中內涵最為豐富、原理最為複雜的是證券投機。

錯誤的投資心態導致不敢出手

「利息」這個名詞代替了「高利貸」，是符合於貸款性質的一般變化的，這種變化使我們對於商品的生產費用可以分為各種不同因素的分析和分類有了完全新的主題。

西方流傳著這樣一個故事，古希臘哲學家柏拉圖[14]問老師蘇格拉底：「愛情到底是什麼？」蘇格拉底叫他到麥田走一趟，並且不能回頭，目標是在途中摘一株最大最好的麥穗，但只能摘一次。柏拉圖覺得很容易，充滿信心地走了。過了好久，他兩手空空地回來了，垂頭喪氣地對老師說：「看見一株不錯的麥穗，卻不知是不是最好，因為只能摘一次，只好放棄；再看看有沒有更好的，已經走到盡頭時才發覺手上一株麥穗也沒有。」蘇格拉底說：「這就是愛情。」

然後，柏拉圖又問老師：「什麼是婚姻？」蘇格拉底讓他再到麥田走一趟，並且遵守同樣的規則。過了一會兒，柏拉圖帶回來一株算不上很茂盛，也不算太差的麥穗。老師問：「怎麼選擇了這樣一株普普通通的麥穗？」柏拉圖說：「有了上次的經驗，當我走到一半路程還兩手空空時，看到這株麥穗還不算太差，便摘了下來，避免最後什麼都帶不回來。」蘇格拉底說：「這就是婚姻。」

---

[14] 柏拉圖（Plato，Πλάτεων，西元前 427 年 —— 西元前 347 年），古希臘偉大的哲學家，也是全部西方哲學乃至整個西方文化最偉大的哲學家和思想家之一。他和老師蘇格拉底，學生亞里斯多德並稱為希臘三賢。

這是一個賦有哲理的小故事，在麥田找尋最好的麥穗，就如同尋找愛情的經歷，對美好有所期待，最終不知如何下手，最終兩手空空而回。然而人們在尋找婚姻時，內心卻有特定的預期，因為端正了心態所以能抓住身邊合適的人，儘管這不是最好的。

這個故事充分展現了經濟學中的規模收益遞減原理，即投入的數量雖然大幅增加，卻得不到相應的回報，而是規模收益遞減。對愛情、婚姻期待過高，這不是一件好事，這一原理不僅使用於大齡單身男女，對已婚人士也同樣適用。

趙濤一個典型的極品單身男，他對生活、愛情、婚姻都充滿了不切實際的幻想。以婚姻為例，他把婚姻生活看得過於神聖，過於複雜，對婚後生活的美好期待過高。

他認為，有些人在缺乏足夠思想準備的情況下就匆忙走入婚姻的殿堂，婚後又不善於調適，夫妻雙方的關係不斷惡化，最終又草率離婚，這是對婚姻不負責。只有準備好了才能談婚姻，而這種準備不是物質的準備、金錢的準備，而是理論的準備。

他還認為，像自己這樣的理工男，應該拿出工作的嚴謹、科學的精神和作風，去鑽研有關婚姻家庭的書籍，比如佛洛伊德的《愛情心理學》、靄理士的《性心理學》。

趙濤儼然就是一個婚姻家庭專家，理論上頭頭是道，甚至對婚後夫妻間怎麼做到相互體諒，都有精闢的見解。有人問：「你的婚姻很幸福吧？」他只是默默回答，「夫妻相處是一門很深的藝術，我雖然讀過這方面的書，但是還沒有結婚，因為我還沒準備好」。

理想依然很豐滿，現實卻越發地骨感，理論與實際相差十萬八千裡，趙濤在愛情和婚姻的美好期待中始終邁不出第一步，逐漸成了大齡單身男。

　　其實，像趙濤這樣充滿幻想的男性，大多是知識型男，他們把戀愛關係中的自然屬性看得比較淡而著重追求愛情的精神性，追求雙方的精神和諧，並認為這是一種更高層次的追求。但是，這種想法未免過於迂腐。愛情與婚姻和諧需要用理論作為指導，但是理論本身就是一種實踐，只有透過實踐才能驗證理論的正確與否，才能豐富認識、累積經驗，創造和諧的戀愛關係與婚姻生活。

　　那麼，如何避免愛情、婚姻經營中的規模收益遞減呢？其實，尋找愛情、婚姻是有成本的，而且成本會隨著時間上升，但潛在回報會遞減。假設我們將圈定自己可挑選伴侶的範圍，即潛在的伴侶可選範圍的價值介於 60 至 90 分，經過一輪努力後，剩下了 60 分、70 分和 80 分三個選擇。隨著時間的延長，可選擇的範圍越來越小。

　　對女性來說，這種遞減規律更加明顯，尤其是大齡單身女。女人最重要的資產是外貌，顯然這是一項隨年月貶值的資產。儘管現在的醫學美容昌盛，女性藉助高科技手段可以讓自己變得更漂亮，但是身體隨著年齡貶值是不可逆的規律，這就是付出的時間成本。相較於年輕漂亮的女性，大齡單身女選擇的機會越來越小。

　　時間成本更多的是外部意義，如果想真正改善愛情、婚姻中的規模收益遞減，最重要是改變對待愛情、婚姻的態度，也就是心態。

　　「最好的尚未來臨」、「他／她應該……」、「他／她必須是完美的」，對愛情、婚姻當然可以有美好的期待，但是它應該是「合理期望」。比說，高中畢業生應該不會奢望一出來工作就能年薪過百萬，即使有個富爸爸也不一定行；而分數不過大學錄取標準的同學，大概也不會期待會被破格錄取。

　　這就是為什麼柏拉圖第一次到麥田會空手而歸，因為他把「愛情」

二字看得過於偉大，出現了不切實際的幻想。也可以說，投資的心態有錯位，導致遲遲不肯出手，最終一無所獲或收益很低。所以，經營愛情、婚姻需要擺正心態。

【經濟學解讀】...

在經濟學上，如果所有投入品的數量都以相同的百分比增加，並導致產量增加的百分比小於該百分比，就是規模收益遞減。

對於愛情、婚姻，每個人都會有相應的期望，但是這種期望需要保持在一定水準上，因為過高的期望只是一種奢求，是一種錯位的心態。期望過高不會帶來情感投資的預期收益，相反會產生負面效應，讓自己限於被動局面。

父母對婚姻帶來的影響

家庭情感的作用是相當有規律的；經濟學家總是充分考慮這種作用，尤其是關於家庭收入在家人之間的分配、為孩子們準備將來事業的費用以及累積他所賺來的財富留作身後之用等問題。

「婚姻要慎重，結婚不是戀愛，只是兩個人的事，更是兩個家庭的結合」。如果用經濟學理論理解這句話，可以引入「捆綁銷售」這一概念。

顧名思義，「捆綁銷售」是指購買一個商品，還附加購買另一種商品。婚姻亦是如此，兩個人結合在一起，各自的家庭也結合在了一起，「你家，我家，我們家」，這實質上是三個家庭。

對每個年輕人來說，原生家庭的影響是巨大的，也深刻影響到一個人的戀愛、結婚。有的單身男女遲遲不能走入婚姻，背後相當程度上受到了家庭的影響。從某種意義上說，父母決定了孩子的婚戀程序。

葉之萍已經結婚 3 年了，期間的種種經歷讓她體會到，婚姻時兩個家庭的結合而絕對不是簡單的兩個人相加。

和老公自由戀愛的時候，葉之萍知道未來的公公、婆婆並不是特別好相處的人，家庭條件也很一般。但是，被愛情衝昏頭腦的她，毅然選擇了結婚。然而，時過境遷，等到一切矛盾盡顯，她追悔莫及。

葉之萍跟老公結婚的時候，無房無車，對方的父母沒有出錢，因為手頭沒有多餘的錢拿出來。所以，新婚生活就從租屋開始了。兩個人一直為生活打拚，起初老公對她呵護有加，將她視如瑰寶。

　　然而好景不長，結婚後不到半年，葉之萍懷孕了。這本來應該是一件特別讓人高興的事，但是孩子出生以後，各種問題隨之而來，各種家庭矛盾也開始顯現。

　　一開始伺候月子，葉之萍本想讓母親過來幫忙，可是婆婆堅持親自上手。結果不到一個星期，婆婆就推脫身體不舒服回家了。不得已，又讓母親過來幫忙。葉之萍心裡一肚子委屈，難免抱怨幾句。

　　孩子一週多的時候，家庭收入本來就不富足，葉之萍想去上班，於是跟老公商量把孩子交給爺爺奶奶照顧。然而，當老公把這個想法說出來的時候，卻遭到了婆婆的反對。最後，老公灰頭土臉地跟葉之萍說，「還是你照顧吧，我母親不太同意」。

　　無奈，葉之萍只能自己帶孩子。時間久了，家庭生活開銷越來越大，只靠老公一人的薪資支撐家庭開支，明顯感覺乏力。生活中，葉之萍省吃儉用，承受著帶孩子的辛勞，老公早出晚歸，回家後對葉之萍愛答不理，雙方逐漸感情冷淡了。不久，生活的寧靜終於被瑣事打破，兩個人無休止地爭吵，最後選擇離婚。

　　葉之萍特別後悔，當時結婚之前沒有慎重考慮對方的家庭。她說，「現在的 80 後，沒有幾個是真正獨立的，靠自己賺錢買房子很艱難。房價那麼高，向父母伸手要求很自然，多數父母都會通情達理，盡自己最大的努力幫助孩子。但是，也有父母一毛不拔，或者手上根本沒有錢。最重要的是，父母對孩子干涉過多，或者沒有幫助孩子培養良好的心態，與這樣的人一起生活，注定無法長久。」

　　許多時候，子女的婚戀程序無意中被父母決定了。一些人受家庭環境影響（父母無法和諧相處，家庭終日戰爭，惡語相向，甚至人身攻擊，大打出手），從小就性格孤僻內向、憂鬱，不相信婚姻，擔心重蹈父母的覆轍。

此外，有些人從小就被父母教育，要聽話，不能戀愛，要以學業為重，導致他們對戀愛產生一種犯錯心理，進而排斥。還有一些從小過度依賴父母，生活不能自理，造成心理上從未斷奶，不敢接觸異性等。總之，單身男女的產生有多種原因，家庭因素不容忽視。

今天，社會上還出現了一個非常有意思的現象──父母為兒女當「紅娘」，這非常值得深思。父母在孩子的婚戀中應該扮演什麼角色，關係到下一代的幸福。

看到孩子遲遲無法戀愛、結婚，許多父母行動起來，主動介紹對象，操持結婚事宜。因為兒女們忙於學習、工作，沒時間談戀愛，老爸老媽又存在危機意識，於是他們決定與其乾著急，不如做點實際的事情──幫子女相親，做兒女的「紅娘」。

於是在公園，很多晨練的中老年人漸漸熟識，話題內容逐漸更新，日常交流慢慢變成了相親互動。久而久之，公園形成了相親會，並且引發了「市場」爆紅。許多父母每週要花幾天時間在各大公園「奔波」，替兒女們尋的另一半。他們手裡拿的、胸前掛的、地上擺的，都是寫滿字的徵婚啟事──子女的年齡、性別、工作情況和求偶要求等。可以說，父母為單身男女操碎了心。

其實，選擇和誰結婚是個人的事，但是婚姻經營常常涉及到兩個家庭。父母想左右子女的婚戀程序，已經成為處理家庭關係的常態。其實這折射出一種社會現象，即父母參與子女婚戀過深。有一部分人在父母的催促下匆匆走進婚姻殿堂，有的人對父母的干預更加反叛。

明智的父母不干涉子女的婚戀，不干涉他們與誰相處。但是，一旦子女選擇結婚，會全力以赴提供幫助，處理好日常生活中的各種問題。也許有人會說，「明知道子女的選擇不正確，還要縱容他們嗎？我們都是

為他們好。」其實，走過了路，才知道對與不對，每個人都有自己的活法，尊重子女的選擇，就是充分尊重自我。

【經濟學解讀】...

　　出售兩種產品的廠商，要求購買其中一種產品的客戶，也要購買另一種產品，這就是「捆綁銷售」。對大多數獨生子女來說，彼此結合也是兩個家庭的融合，甚至雙方父母生活在一起的情形也很常見。

　　戀愛是兩個人的事，結婚是兩個家庭的事。與誰戀愛，與誰結婚是個人的選擇，而經營婚姻沒有選擇。作為明智的父母，不會干涉子女選擇結婚對象，而會幫助他們經營婚後的生活 —— 提供物質等方面的幫助。

高舉「非誠勿擾」的標語

　　一個人越是富有，貨幣的邊際效用對他就越小；他的資產每有增加，他對任何一定的利益所願付的價格就隨之增加。同樣地，他的資產每有減少，貨幣對他的邊際效用就隨之增大，他對任何利益所願付的價格也就隨之減少。

　　「你有房嗎？」「你有車嗎？」物質似乎越來越成為婚姻對象選擇的必要條件。其實，事實並非完全如此。「拜金女」這類群體在社會上確實存在，但是大多數女孩內心並不拜金，在感情和金錢的天平上，多多少少往感情偏向一點。

　　一位作家說過這樣一句話，「如何沒有愛情，金錢也是好的」。大齡單身女長時間獨自生活，面對愛情更多的是理性，但這並不代表她們不在乎感情。只不過感情充滿了未知，而金錢是實實在在的，是現實的基礎。所以，大齡單身女在選擇對象時，在沒有感情的基礎上，更加看重對象的物質條件。於是，這就造成了一種社會現象，即有房一族壟斷了婚姻的話語權，則無房一族失去了邁入婚姻殿堂的機會。

　　運用經濟學理論來解釋這一現象，那些失去結婚機會的人，屬於壟斷的無謂損失。當社會的發展趨勢更加趨近於生活品質，更加注重個性化、多元化，那麼以經濟發展為支撐的物質基礎就變得更加重要。對龐大的未婚群體來說，對物質條件的考慮也更加突出，一部分物質條件相對較差的人失去結婚的機會，這是社會發展造成的壟斷的無所謂損失。

　　林帆今年 32 歲，擁有碩士學歷，目前就職於一家國營事業。雖然工作、收入穩定，但是他一直沒有找到女朋友。歲數越來越大，母親日益擔憂兒子的婚姻問題。一次電視臺舉行相親大會，林帆在母親的勸說下來到了現場。

　　母親不停地詢問周圍人的情況，林帆緊緊跟在旁邊沉默不語，異常靦腆。有人問：「你學歷高，工作好，條件這麼好，為什麼至今還沒有找到女朋友呢？」林帆說：「上學時讀的是理工科，男女比例是 7：1，女生很少。上班以後，工作環境也是以男性為主，很難接觸到同齡的異性，再加之自己個性內向，因此錯失了許多機會。」

　　這時候，母親在旁邊插話說：「其實之前我兒子也交往了幾個女朋友，對方一聽我們家的經濟條件就打了退堂鼓。」這時，林帆覺得特別尷尬。

　　林帆是一個想法特別簡單的男孩，在戀愛方面一直處於被動地位，從小到大一直都是乖乖男，聽父母的話，聽老師的話。工作以後，他也試著談過戀愛，但都不到三個月就分手了。他也曾經問那些女孩分手的原因，都說覺得不合適，具體原因也就沒有深究下去。後來，他漸漸意識到，分手的一個重要原因是經濟條件差。

　　雖然生在大城市，但是父母都是普通工人，一直租房在巷弄。母親看著林帆一直找不到女朋友很著急，沒參加相親大會之前曾託人給兒子介紹過好幾個對象，但是一聽說沒有房子就沒了下文。於是，老兩口決定為兒子置辦房子，他們把省吃儉用半輩子積攢的 80 萬元交了頭期款，給兒子買了一個小房子，日子過得緊巴巴。

　　在這次相親大會上，林帆的條件無疑算是好的，許多人留了他的聯繫方式。

第三章
非價格競爭，單身男女的煉成

物質條件不是婚姻選擇的唯一因素，但是對於相親男女來說，卻是唯一直觀的評價因素，這種直觀是房子、車子、工作。而能力、人品等軟性資本只要相處之後才能看出來，說得再好都具有主觀性，並不直觀。

因此，在相親大軍中高喊「非誠勿擾」的單身男女，看中的「誠」更多是有誠意，能代表誠意的是物質條件。反過來說，沒有物質基礎就是缺乏誠意，你就不要打擾我了。在這樣的吶喊中，一部分人將喪失結婚的機會，或者大大推晚婚期。

陳默是一個大齡單身女孩，一年前朋友給她介紹了一個男朋友，比陳默大 4 歲，在高中做科學研究工作。兩個人一見鍾情，很快就走到了一起。

考慮到自己已經到了適婚年齡，陳默多次跟男友提到結婚買房的問題。她想在公司附近買，即使貴點也值得，兩個人一起負擔。但是，男友的態度一直很含糊。

男友雖然工作比較穩定，但是家境並不好，父母的年齡也比較大，生活負擔比較重。在買房這件事上，他傾向於偏遠的郊區。他多次暗示陳默，希望能理解；但是，陳默每次都說房價一直在漲，買遠了上班不方便。

時間久了，男友感覺兩個人相處很累，並且覺得陳默很自我，不能理解自己的感受。最終，他提出了分手。

每個人在愛情、婚姻中都有自尊，都在尋找合適的相處方式。既然走到了一起，就要盡可能為對方考慮一些，避免生活在完全自我的狀態之中。當物質條件欠缺的時候，兩個人更要認真溝通，尋求你最佳的方案。

　　任何事物都具有兩面性，對經濟條件的考慮是出於對未來生活的設計。很多時候出於對未來的擔憂，過分看重當下的物質條件，會使自己裹足不前，把握不住當下，錯失很多機會。所以，明智的人需要學會適當取捨。

【經濟學解讀】...

　　由於壟斷定價、政府稅制等因素引起的生產者和消費者都得不到的那部分，就是壟斷的無謂損失。愛情是以感情為基礎的，但是經濟發展讓更多的人把物質放在了重要位置。對物質匱乏的人來說，贏得戀愛或婚姻變得十分困難。

　　社會發展促使人們更加注重生活品質，這是取得幸福的重要基礎。一個人取得財富的能力離不開社會趨勢、商業機遇，也與個人素養緊密相連。有時候，財富數量也是檢驗戀愛或結婚對象的重要參考指標。

那些被出賣的青春

某種東西的成本是為了得到它所放棄的東西。

在婚姻市場上，優質男性或女性總是稀缺的，於是一些人不肯屈就自我，或者為了獲得特定的利益，遊走在婚戀邊緣，這些人被稱為第三者。

今天，一些女大學生、職場女性因為各種際遇成為第三者，與優質異性保持地下情，是一類特殊的單身人士。因為愛情，因為錢財，因為權力，這些女性用一種等價交換的方式出賣青春，取得自己想要的東西。

大學時代，夏琳有過一段刻骨銘心的戀情。當時，她與一位學長展開熱戀，並商量著畢業後立刻結婚。然而畢業的時候，男友移情別戀，夏琳如遭雷擊。更重要的是，她意外懷孕了，男友竟然置之不理。

被背叛、被拋棄的夏琳，一夜之間好像變了一個人，在一年多的時間裡始終打不起精神。還好時間能淡化一切，她逐漸走出陰影，開始了新的生活。

隨後，夏琳找了一份很有前途的工作，在一家大公司擔任銷售職位。為了做出業績，她拚盡全力，卻始終不得要領。做好銷售工作，除了努力還要靠人脈，於是她主動向銷售主管馬斌請教。

馬斌雖然四十多歲，但是容貌俊朗，是公司許多女孩傾慕的對象。夏琳年輕靚麗，早就引起了馬斌的注意。於是，兩個人因為工作來往頻

繁，並很快擦出了火花。在馬斌的幫助下，夏琳在工作上突飛猛進，銷售業績驚人。

從一開始，夏琳就知道馬斌已經結婚了，但是仍然鬼使神差地與對方展開了地下情，一半因為工作需要，一半因為孤獨寂寞。除了工作上的幫助，馬斌也出手闊綽，給了夏琳不少錢。後來，馬斌勝任總公司的銷售副總，夏琳也跟著升職。

兩個人在一起六年了，夏琳馬上要三十歲了，她不知道這樣的關係要持續多久。而馬斌對這種若即若離的感情很著迷，對夏琳百般寵愛。每次出差帶禮物，他送給夏琳 8 萬的 LV，而給老婆買的是幾百元的便宜貨。

有一段時間，夏琳想找一個可靠的男人結婚，踏踏實實過日子，但是遭到了馬斌的反對。她讓馬斌離婚，可是對方總是找藉口。顯然，這個男人不是自己終生的依靠。朋友也介紹過幾個男朋友，但是夏琳都沒有感覺。

現在，夏琳不缺錢，已經得到了想要的一切。雖然渴望一份真感情和一個家，但是她無法放棄現在擁有的一切。她說，「愛情是一個奢侈品，大多數愛情僅是三分鐘熱度，激情燃燒過後剩下的就是赤裸裸的現實，還不如物質來的實在。」

或許是為了生存，或許是為了得到想要的物質生活，有的年輕女性把青春當作一種資源，實現個人利益最大化。從經濟學角度看，她們換來了自己需要的東西。此外，這些女性屬於高消費人群，是奢侈品的購買者，也帶動了美女經濟的發展。

當然，在感情世界裡，她們無法公開戀愛、結婚，成為特殊的單身人群。也許在將來某個時刻，她們會選擇收手，找一個合適的人嫁了。在巨大的付出之外，她們也面臨著其他風險。比如，自己被曝光之後引

發親友譴責，或者因為插足他人婚姻惹上麻煩，甚至出現各種悲劇。

這個浮華的社會，把人變得越來越浮躁。隨著生活水準提高，一些有錢人越發覺得精神空虛。有些富裕的已婚男士尋求刺激，送給女孩子一輛車，換取她們的肉體和歡笑，但是並不想跟對方結婚。

有的女孩願意做地下情人，因為她們覺得用青春換來想要的物質生活，是正常所得。甚至有的女孩這樣計算，跟一般男人結婚只能騎單車，讓有錢人在自己身上投資則能獲得不斐的收益。你情我願的事情，是十分不划算的。

然而，她們從來都沒有想過，自己可能只是有錢人眾多婚外情中的一個過客。女人的青春很寶貴，為一個無法託付終身的人耗費美好的時光，會喪失許多次與好男人相遇的機會。等青春不再，在婚姻市場上高不成低不就，那才是最尷尬的。

人生到底要怎樣選擇？不同人都有不同人的答案，因為在每個人的內心深處都有自己的投資報酬計算公式。作為一個理性人，人們會按照自己的價值觀進行選擇，哪怕遭遇各種風險，甚至虧本。由此看來，戀愛中的經濟學其實每個人都是無師自通的。

【經濟學解讀】••••

等價交換是不同使用價值的商品按照它們各自具有的價值量相交換。那些出賣青春的女孩不論因為什麼理由，都是在用一種等價交換的方式，取得自己想要的得到的東西，或者是金錢、愛情、權力等。

在經濟學上，等價交換是理性人自主選擇的結果。但是，在感情世界裡從來就不存在等價交換。對年輕的女孩來說，一去不回的青春是無價的，表面的等價交換實質是不平等的交易。

自己就是最好的伴侶

一物對任何人的邊際效用，是隨著他已有此物數量的每一次增加而遞減。

所謂「伴侶」是指陪伴你的人，可以是一起生活、工作或旅行的人，亦可以是愛人、夫妻。伴侶有兩種，一種是現實生活中的伴侶，一種是精神的伴侶。

好的婚姻是什麼？是兩個找到了可以相互依偎的另一半，相互可以理解，可以溝通。兩個人是對方生活的伴侶，也是精神的伴侶。但是，這樣的婚姻少之又少，因為真正懂得自己的人只有自己，真正心有靈犀的人很難遇到。

愛情總是能讓人體會到幸福感，剛剛相戀的兩個人，幸福感會慢慢升高，到達頂峰後會與日遞減。這就是經濟學中所說的「邊際效應」，即消費每增加一個單位，就會出現效用遞減的趨勢。

戀愛初期是情侶之間的甜美期，精神的交流層面在這一時期展現最為明顯。很多人在這一時期，會認為找到了另一個自己。大多數人在這一時期並沒有將真實的自我展現出來，更多是展示了自己最好的一面，因此隨著相處時間增加，對方身上的缺點會逐漸暴露，感覺思想越來越有差距。這時候，逐漸升溫的幸福感有所停滯或開始下降，都是正常現象。

蕭曉是一個年輕漂亮的女生，從開始戀愛的那一天起，她就掉進了

感情的漩渦，完全失去了自我。在熱戀階段，她奉獻出全部的愛，說話辦事變得小心翼翼，只為討好對方。時間一長，那種沒有了自己的世界，竟然讓人有些傷心。

果然，蕭曉的付出並沒有得到想要的回報，最初被大家看好的一段感情戛然而止，一對戀人最終和平分手。蕭曉傷心欲絕，怎麼也想不通自己如此深愛一個人，如此全心全意地付出，最後還是黯淡收場。

一時間走不出這次情感的打擊，蕭曉在朋友的勸說下去旅行。隨後，她花了整整一年時間才整理好心情。可是，每次在街頭看到親暱的情侶，她都會觸景生情。直到愛上了閱讀，她才徹底從上一段感情中走出來。

讀書讓蕭曉開闊了視野，思想更加開放自由。她意識到，女人永遠要懂得愛自己，在感情世界裡絕對不能失去自我。自愛的人，才會被人愛。

當蕭曉嘗試進入第二段感情時，她不再急不可耐，變得冷靜理智，看起來很成熟。然而，對方似乎並不那麼穩健，很快對蕭曉失去了耐心。這一次，蕭曉並沒有傷心，反而有一種看透一切的淡然。她知道自己只是還未遇到那個對的人，一定要耐心等待。

在一段戀情中，女人全心全意付出自己，甚至失去了自我，卻得不到應有的回報。有時候，她們就是想有一個安穩的家，只要對方給予些許愛和溫暖，就會覺得無比幸福。

人們在感情世界裡，往往無法理智地分析其中的奧妙，總是不停地問：「你到底愛不愛我，有多愛我？」甚至，因為愛情不顧自己的事業，最後讓自己陷入被動。

有時候，很多人總以為自己這麼做是為對方著想，並期盼得到感

謝。如果兩個人不合拍，或者沒有拿捏好對方的心思，這樣做反而會弄巧成拙，引起了不必要的麻煩，甚至令人厭惡。尤其在愛情裡，當自己的愛變成一種束縛的時候，感情也就走到了盡頭。

女人在戀愛中總是飛蛾撲火一般奉獻自己，男人在愛情裡又何嘗不是這樣呢！

張迪愛上了一個女孩，對她百般疼愛，什麼事都考慮在先。可以說，他對這個女孩煞費苦心，願意為她上刀山、下火海。

因為太在意，張迪對這份感情經常患得患失，整天胡思亂想，心神不寧。他動不動就給女孩打電話、發訊息，經常問對方在幹什麼、在哪裡。以寵愛的名義一直死死盯著對方，明顯讓人不舒服。

起初，女孩很享受這種關愛，但是時間長了就感覺沒有個人空間。終於有一天，女孩提出了分手。張迪自以為完全投入了這份感情，處處為女友著想，殊不知已經引起了對方的厭煩。

在旁人看來，張迪並沒有把自己放進這份感情裡。他只是一味地付出，卻從未考慮對方的感受和需求。因為太在乎而把對方抓得太緊，讓人喘不過氣來，注定會過猶不及，親手埋葬了自己的感情，這種教訓是很深刻的。

愛情之所以辛苦，是因為在一段感情裡很多人沒有辦法做自己。他們在愛情裡迷失，無法找到自己的位置，離愛的人越來越遠。一個人想盡辦法取悅對方、改變自己，結果失去了自我，也最終失去了愛人，這種感情投入無疑是錯位的。

每個人在愛情裡都是卑微的，把自己也變成了對方，為愛付出一切，可是到頭來沒有換來幸福。所以，委屈求全不能換來愛和在乎，反而將自己變成了愛情的奴隸。那麼，如果避開這個漩渦呢？

不管在事業上，還是在愛情裡，請勇敢做自己，不要為任何人而改變。如果他們不能接受真實的你，那就不配擁有最好的你。真心付出也需要保留一個位置給自己，如此才算懂得什麼是真正的愛。

做自己並不是自私自利，首先愛自己，然後愛對方。懂得尊重別人，懂得傾聽對方心底的想法，然後進行真誠的溝通，這樣的愛才可以延續下去。在很多愛情故事裡，分手並不是因為不夠愛對方，而是太過愛對方，反而失去了自我，嚇壞了對方。所以，這樣的愛情在分離的時候，總是最難捨。

其實，最好的伴侶是能讓你在愛情裡做自己。做自己喜歡做的事情，變成自己喜歡的樣子，而不是為了愛情迎合討好對方，這份感情才是成熟的。既然兩個人能夠走到一起，你就應該相信，他喜歡的是你最初的模樣。

【經濟學解讀】...

在愛情裡，做自己並不是自私自利，是尊重對方，用心愛對方的一種方式。它讓一個人變得更優秀，變得更能得到對方的愛。所以，最好的伴侶首先是自己，然後才是別人。

任何一段轟轟烈烈的愛情都有歸於平淡的時候，或許說這才是它最真實的樣子。始終把感情放在驕陽下炙烤，終究會讓愛情之花枯萎。無法在感情中做好自己的人，終究得不到對方的尊重和理解，也就無法讓愛繼續下去，成為單身一族。

單身帶來的收穫

當一個人做出了成績並取得的報酬以後，他不僅關心自己所得報酬的絕對量，而且關心自己所得報酬的相對量。因此，他要進行種種比較來確定自己所獲報酬是否合理，比較的結果將直接影響今後工作的積極性。

有這樣一則故事，一個老年人因為喜歡安靜，於是搬到了環境優美的市郊。但是，他居住的地方一到放學的時間，就會聚集許多孩子玩鬧。老人很不喜歡這些小孩把安靜的生活打亂了，但是如何把他們攆走呢？老人想了很長時間，終於找到了一個好辦法。

於是，老人找過來玩的孩子說：「你們來陪我，我很高興，以後我每天給你們一人 5 塊錢。」孩子們都很高興。幾天后，老人又說，「以後給不了這麼多了，每人只能給 1 塊錢。」孩子們不太高興，但也勉強接受了。又過了幾天，老人說：「以後每天只能給二毛錢了。」這次孩子們不幹了，他們很氣憤：「這麼少的錢，以後再也不來了！」

其實，老人正是運用了經濟學中反激勵機制達成訴求的。人的本性是自私的，其行為目標是實現個人利益最大化。當老人對小孩們的激勵逐漸減少時，後者都認為自己的利益受到損害，不願意再陪老人玩了。在這些小孩看來，過來玩是因為有金錢的激勵，當激勵減少時，他們就失去了過來玩耍的動力。

那麼，什麼是激勵機制呢？一種制度把個人利益與組織整體利益統一起來，讓個人在實現自身利益的同時也實現組織的整體利益，這樣的制度就是激勵機制。激勵機制出現在日常生活的方方面面，影響著每個人的生活，也改變著人們的思想。

李思是一位翻譯，大學時主修英語，畢業後自學日語並透過了日語一級考試。她不光精通中英與中日翻譯，還能在英語與日語間轉換自如。平時，她的愛好很多——讀書、看漫畫、打遊戲、唱歌、畫畫等。

她曾經有過一段短暫的戀情，那段失敗的感情沒有讓她變成怨婦，反而讓她明白了很多事。李思和男友相戀了三年，剛在一起的時候她正在學日語，但是男友並不支持。每次兩人吵架的時候，男友會摔李思的日語書，說：「你學這個破東西有什麼用？」

儘管三觀不合，最終兩個人依然堅持了三年。此後，李思做了自由翻譯，在住處辦公。可有時候翻譯稿要得比較急，李思就沒辦法為男友準備晚飯或洗衣服了，這讓男友無法接受。

時間久了，李思越發覺得壓抑，這段感情讓她從一個自由人變成了一個不自由的人。她酷愛畫畫，以前每天下班回到家，都可以在晚飯後利用空閒時間畫畫。但是，自從與男友同居後她連半個小時的畫畫時間都擠不出來。

李思覺得特別累，生活已經沒有了自我，沒有了奮鬥的動力。一些想法不斷被男友奚落，她完全失去了自己。最後，李思提出分手，結束了這段感情。

李思說，「我特別喜歡現在的自己，可以完全按照個人喜好做事。生活中不必追求大富大貴，只要做好感興趣的事情，開開心心就好了。而我努力學習、進步，讓自己變得越來越與眾不同。」現在，李思最讓人欣

賞的一點是追隨著自己的內心，不人云亦云，她的字典裡從來沒有「來不及」三個字。

當生活讓你失去了自我，甚至開始否定自己，那麼一定是哪裡出了問題。這時候，你可以重新洗牌，找回自然、積極的自我。透過自我激勵，發現更好的自己，才不會讓人生迷失方向，才能離真實的自己越來越近。

單身並不代表一無所有，它可能是應有盡有。以哲學的思維來講，任何事物都是矛盾的統一，無也就是有，所以辯證地看待單身才能證明你變得成熟了。

如果你還在單身，亦或者是大齡單身者，請珍惜這段自由的日子。單身這段時間是最寶貴的，與漫長且充滿柴米油鹽等瑣事的婚姻生活相比，它能帶給你更多成長的機會，讓心智更成熟，讓心靈變得更美好。

單身，意味著更多的自由。在單身日子裡，如果你能明確自己所處的人生階段，好好把握當下的生活，那麼你的生活絕對不會比已婚的人缺少幸福和溫馨。

研究發現，單身意味著自我存在鼓勵機制，它不需要任何外在的不了解你的人給予肯定。當你做了自己喜歡做的事情，當你努力完成了目標，可以給予自己最想要的一種獎勵。比如，開始一次說走就走的旅行，也可以是看一場喜歡的電影，亦或者是聽一場音樂會等。

對單身人士來說，你無須和其他人商量，如何獎勵自己，因為你就是唯一的決策者。雖然身邊少了一個人，但是生活的樂趣並不會因此而減少。享受單身生活，就讓自己把時間用在感興趣的事情上，自己會因為投入、專注收穫意外的驚喜。

　　明確如何去享受單身生活，將生活安排得井井有條，讓它充實而富有情趣，那麼單身生活就不會覺得茫然和孤寂，一樣可以充實而快樂！所以，單身並不可怕，可怕的是你對待單身的態度。不要迷失在嘈雜的世界中，在自己的世界中，一種可以獲得精彩人生。

【經濟學解讀】

　　激勵現象存在於人們的任何決策和行為之中。但是，只有尚未滿足的需要才有激勵作用，已經滿足的需要只能提供滿意感。需要本身並不能產生激勵，對滿足需要的期望才真正具有激勵作用。

　　單身並不代表沒有需要，也並不代表僅僅需要脫離單身。單身代表一種自由，代表可以追求自己喜歡的事物。當一位單身者開始被自己所喜歡、所追求的事物滿足，那麼就意味著他開始學會享受單身，這就是經濟學中的激勵機制。它會讓單身的人收穫更多。

錯誤評估形勢的代價

　　經濟學家並不能衡量心中任何情感的本身，即不能直接地來衡量，而只能間接地透過它的結果來衡量。即使一個人自己在不同時間的心情，他也不能準確地互相比較和衡量。至於別人的心情，除了間接地和推測地從它的結果來衡量外，是沒有人能夠衡量的。

　　「自信」一詞是指對自身力量的確信，深信自己一定能做成某件事，實現所追求的目標。但是，自信放到感情身上，有時卻會導致情路坎坷。「這山望著那山高」，對年過三十尚未成家的女性來說，這似乎是一句諷刺性的話，應該不會有人願意聽到這樣的教誨。

　　一些年輕漂亮的女生似乎總是頻繁換對象，因為她有資本 —— 年輕、漂亮，這也是她們自信的資本。然而，資本並不是一勞永逸的，最無法挽留的就是青春。美女在頻頻換人接力跑時，可能到頭來沒有一人願跑最後一棒，最終只能獨自在跑步機上漫無目的地練跑、原地踏步。這是年輕美女錯估形勢導致的惡果。

　　郭思宇是一位標準美女，長相雖算不上沉魚落雁，但也是校花級別的。自國中開始，她身邊便不乏追求者，戀情一段接一段，從無空窗期，羨煞旁人。尤其是那些天天看言情小說卻連一封情書都沒收過的同學，對她更是非常嫉妒。

　　可是年復一年，郭思宇換男友的頻率開始減少。她發現看順眼的追求者越來越少，反而當年樣貌平凡的女同學卻大多名花有主。

第三章
非價格競爭，單身男女的煉成

　　她開始不能接受殘酷的現實，性格變得孤僻、怨天尤人，最常唸叨的就是：「我還可以選嗎？」顯然，郭思宇沒有把握住機會，沒有在最好的年華選擇一個意中人，結果最後成了孤家寡人。在戀愛這個戰場上，她輸得很慘。

　　起初，郭思宇是典型的恃寵而驕，以為天生麗質便有恃無恐。她漠視時機的重要性，錯估形勢，最終恨錯難返。正如基金公司的廣告所說：「過去表現不能用作對未來的評估。」

　　如果運用經濟學知識解讀郭思宇錯估形勢導致的情路坎坷現象，可以運用談判經濟學來解釋。具體來說，談判更多的時候應用於實現商業合作上，比如公司收購合併、物料採購等。其實，在日常生活中同樣存在各式各樣的談判過程。

　　比如，小時候向父母爭取更多玩遊戲機的時間，戀愛時如何向女朋友要求更多的自由度，如何向業務員多索取一些贈品時等，都牽涉易學難精的談判。

　　談判的過程其實就是一個討價還價的過程，還價不成，可以尋找下一家再進行談判。談判雙方各自都會有底線，這種底線是其他最佳替代品[15]給予的，談判中突破對方底線自然無法達成交易。比如買菜，你透過市場詢價，黃瓜的價格區間在 2 至 3 元每斤之間，你選擇了一家進行採購，黃瓜價格 2.5 元每斤，你在交涉中想以 2 元的價格購買，顯然無法談攏。

　　談判的底線有時會讓交易變得特別複雜，當一名買家已敲定價格，並願意預付定金，那麼這一價格就是賣方日後與其他所有潛在買家談判

---

[15]　對於兩種物品，如果一種物品價格的上升引起另一種物品需求的增加，則這兩種物品被稱為替代品（Substitute Goods）。互為替代品的交叉價格彈性大於 0。策略管理中的替代品是指具有相同或相似功能的產品，比如公車和私人轎車、洗衣粉和肥皂。

的籌碼。但是,當賣家遇到給出更高價格的買家時,即使上一個買家支付了定金,也會傾向於毀約。

戀愛也是一個談判的過程,也面臨著隨時毀約的風險。而輪番更替的戀情,是一個不斷訂立契約、打破契約的過程,或者說是一個不斷被代替品代替的過程。相對於其他事物的談判,戀愛的談判較為複雜,大家同時扮演買賣雙方的角色,有時候你會是主動追求者(買方),有時候則是被追求者(賣方)。

其實,戀愛的無限次失敗,頻繁更換戀愛對象,是因為內心有一種虛幻的替代品(談判的底線),這一替代品會讓一個人錯估形勢、有恃無恐、囂張高傲,成為戀愛無法順利轉化為婚姻的重要障礙。

所以,求愛者若希望「桃花朵朵開」,就要留心以下求愛三大忌:

● 求愛一忌:底價過高 —— 無人問津

不少單身男女無法脫單的癥結,主要在於喊價太高,嫌學歷,嫌長相,嫌沒房沒車等。殊不知,如果所報底價太高,大部分潛在的伴侶在第一輪就被淘汰出局,這就是自掘墳墓。所以,想要脫離單身,第一步就是重新定位自我,不妄自菲薄,也不妄自尊大。

● 求愛二忌:資訊不對稱 —— 空餘孤芳自賞

一些人在戀愛時,因為雙方彼此了解有限,對方不清楚你的家庭條件、愛好、工作情況等,所以造成資訊不對稱。在相處過程中,兩人極力展示自己最好的一面,隱藏自己的缺陷,勢必給對方造成資訊失靈。

本來你大大咧咧,卻表現得小鳥依然,不能展示真實的自我;一旦

這不是對方想要的，那麼時間長了必然造成誤解，最後只能孤芳自賞。因此，脫單的關鍵是學會與人正確交流，表達真實的自我，知道自己想要的，並給予他人真正需要的東西。

● 求愛三忌：他人的建議 —— 錯估底價

　　每個人都會有幾個好友，都會有向好友求助的經歷。單身女遇到戀愛問題或難題，往往請閨蜜給予指導。通常，她們會不停地安慰你，站在你的角度上分析對方存在的問題，殊不知如果戴著有色眼鏡看問題，大多會給予不公正的意見。如果你接受閨蜜錯誤的分析和判斷，並以此作為行動的依據，勢必說錯話、辦錯事，到頭來吃虧的是自己。

　　任何時候，閨蜜或朋友的意見僅僅是參考，不能照抄照搬。關鍵時刻，你才是最終決策者，一定搞清楚內心的真實想法是什麼，並從理性角度進行分析。理性的思維判斷與自己內心的想法會存在差距，理性是透過自己或者他人幫助得出的結論，並據此採取的行為傾向。然而，它並不一定是自己內心真實的意願表達。所以，人需要傾聽自己內心的聲音。

【經濟學解讀】...

　　頻繁更換戀愛對象，是因為內心有一種虛幻的替代品（談判的底線），這一替代品會讓一個人錯估形勢、有恃無恐、囂張高傲，成為戀愛無法順利轉化為婚姻的重要障礙。

　　改變情路坎坷的狀態需要正確地進行自我定位，學會與人交流，表達真實的自我，傾聽自己內心的聲音。

與婚姻分裂的人

在經濟學上，一個原因的全部結果很少立即發生，而往往在這個原因已經消滅之後才表現出來。

在人們的眼裡，獨身者有一份瀟灑、一份隨意，還有一份神祕。大多數獨身的人經歷過婚姻，最後選擇一個人走完餘生。各中滋味，只有深入到他們的生活中才能發現其中的艱辛。

經歷過婚姻而後選擇獨身的人，必然內心經歷過煎熬，他們從肯定婚姻到否定婚姻，中間經歷過大苦大痛直到大徹大悟，才會選擇獨身的道路。也就是說，獨身經歷了思想的萌芽、成長到成熟這樣一個過程。這類似於經濟學中的產品生命週期，即產品從進入市場開始，直到最終退出市場為止所經歷的市場生命循環過程。

王霞是一個體態苗條、衣著新潮的中年女性。有一次參加週末俱樂部，她自告奮勇走上講臺，然後自豪地說：「我 1994 年就離婚了，離婚後我年輕了 10 歲。參加週末俱樂部，不是為了尋找結婚的伴侶，而是尋找快樂和友誼。我不想再結婚，現在生活得很好，今後我單獨過一輩子，沒什麼不好。」

當年，王霞有過美滿的家，並與丈夫養育了一個孩子。在商品經濟大潮的湧現下出現了一大批女強人，攪動得她日夜不安。她覺得自己可以和那些女人一樣，擁有自己的事業。乾脆辭去鐵飯碗工作去冒險，可以丈夫不同意，認為女人就應該本分。為此，家庭爭吵不斷，兩人極其痛苦。

經過一翻思想鬥爭，王霞決定放棄婚姻，選擇事業。她認為發展自我，才能讓生命更有意義，於是毅然選擇離婚。最後，她取得了孩子的撫養權，與丈夫分道揚鑣。

隨後，王霞自籌資金創辦了一個小小的汽車修配廠。為了找工作做，她頂風冒雨招攬生意。如今，她物質生活優裕，精神生活豐富，興趣愛好廣泛，聽音樂、寫作、跳舞等無所不能。她有各種異性朋友，有的是舞伴，有的是文學知音，有的是事業的支持者。

王霞說，婚姻對她來說是牢籠，捆住了她的手腳，女人是無法兼顧事業和家庭的，只有選擇一頭放棄一頭。

每個人都有選擇個人生活的權利，那些獨身的人出於各種原因與婚姻割裂開，有時是一種無奈，有時是一種幸運。王霞是無疑找到了自我，她在事業上不斷精進，成就了璀璨的人生，活得多姿多彩。

從根本上說，婚姻是一種契約[16]關係。在經濟自由、精神自由日益勃興的年代，人們不願意在婚姻中將就。那些被拋棄，並且暫時找不到合適伴侶的人，往往會開啟單身生活，甚至走完餘生。

陳華剛過了50歲生日，已經離婚10年。她是一位中學的數學老師，工作平平淡淡。前任丈夫是同班同學，在一家研究單位工作。可是在不惑之年，丈夫向她提出離婚，理由是「兩個人在一起沒有味道了」。

這對陳華來說無疑是一個晴天霹靂，後來冷靜下來細細想想，發現兩人的裂痕早已存在。丈夫性格開朗，興趣廣泛，雖然公務繁忙，但是依然風度翩翩；而自己性格內斂，家庭和工作壓力之下早已變得老氣橫

---

[16] 契約，最初是指雙方或多方共同協定訂立的有關買賣、抵押、租賃等關係的文書，可以理解為「守信用」。形式有精神契約和文字合約契約，對象多樣，可以是生意夥伴、摯友、愛人、國家、世界、全人類，以及對自己的契約等，可以用「文字合約」來約定，可以用「語言」來約定，還可以是「無言」的契約。

秋，衣著打扮像個大媽。

　　兩個人的思想觀念存在巨大差距，日常話題也特別少。最終，當丈夫提出結束這段索然無味的婚姻，陳華自然接受了。很長一段時間，她都沉浸在傷心之中，終日以淚洗面。

　　後來，陳華下決心開始新生活，另覓佳偶。在同事的介紹下，她與一個比自己年齡大的退休老幹部相處，可是偶然間發展這個老人和一個年輕的打字員有曖昧關係。一怒之下，陳華退出了這段關係，並決定獨身。

　　在這個世界上，人們隨時面臨各種誘惑，找一個可靠的知心人太難了。「不知什麼時候就會掉進陷阱裡，把人給淹沒，我再也沒有勇氣嘗試新的婚姻了。一個人過也不錯，現在我聯繫了久未謀面的同學，經常聚會，非常開心。」陳華決心一個人走完晚年歲月。

　　陳華用壓抑淡化對感情的渴望，割捨了婚姻才走上獨身之路。事實上，她內心遭受著巨大的壓力，不僅是來自感情上的，還有來自社會上的。一方面，自己遭受兩次感情創傷，令人痛苦不已。另一方面社會輿論的壓力，對個人私生活評頭論足，也會讓當事人倍感焦慮。

　　對社會輿論[17]來說，人們習慣遵循傳統的行為，並以此審視身邊的人和事，一旦不符合傳統會被視為不正常。因此，獨身者的反傳統行為很容易成為人們議論的焦點。對於一個結過婚而最終選擇獨身的人，輿論並沒有給予應有的寬容。

　　然而，在西方摒棄婚姻的獨身者卻享受著更多自由與理解。他們可以有單身家庭，有自己的密友，無論到哪裡都能得到應有的尊重。大多

---

[17]　社會輿論是社會意識形態的特殊表現形式。指相當數量的公民對某一問題的共同傾向性看法或意見。往往反映一定階級、階層、社會集團的利益、願望和要求，其精神核心是群體意識，其現象外觀是議論形態。

數獨身的人，過著清心寡慾的生活，似乎要斬斷一切塵緣。他們的私生活成為一些人的熱門話題，種種推測，捕風捉影，不絕於耳。更有甚者，把獨身看作人生危機，當作失敗的案例，顯然有失公允。

其實，每個人都有選擇婚姻的自由，獨身也是一種選擇。人們應該學會尊重別人的生活，包括獨身者的選擇。社會也應該給予獨生者理解和關懷，為他們提供更廣闊的活動空間，讓他們處處感到友誼和溫暖。

【經濟學解讀】

產品生命週期是指產品從進入市場開始，直到最終退出市場為止所經歷的市場生命循環過程。年輕的時候，更容易獲得穩定、幸福的婚姻；那些晚婚或再婚的人，想從婚姻中獲得一段幸福、穩固的關係，無疑會變得困難重重。如同一個產品進入生命週期的晚期，在市場上會變得不受歡迎。

人生充滿了不確定性，你永遠不知道下一刻會發生什麼。那些與婚姻割裂的人，有的經歷了婚姻失敗的過程，有的始終沒有邁進婚姻的殿堂，最終選擇了獨身。無論保持婚姻關係，還是選擇獨身，最重要的是好好愛自己，享受生命的每個時刻。

第四章

在大城市，33% 的人每月最大開銷為自我娛樂消費或聚會，18% 的人至少每週去一次酒吧、KTV 等夜生活場所，不經考慮就購買奢侈品的單身消費者占 29%……單身人群有錢、有閒，更有消費意願，注重生活品質，已經成了資本眼中的一座金礦。

掌握「單身經濟學」

從相當大的意義上來說，我們唯一有別於其他物種的東西就是貨幣。

何為經濟利潤？它是商家的收益和成本之差。所謂賺錢，就是要提高經濟利潤。單身男女現象中蘊含著無數商業機會，是一門非常值得研究的經濟學。

近年來，隨著主動單身的人數越來越多，「單身經濟」也逐漸火紅起來。早在 2001 年，著名經濟學雜誌《經濟學人》[18] 就提出了「單身女性經濟」概念。這些擁有高收入、高學歷、高素養的單身女性，是廣告業、出版業、娛樂業和媒體業等眾多行業產品和服務的生產者及消費者。

研究發現，這些單身人士多為中產階級，比其他階層更有消費衝動和消費能力。「買我所愛，花我所賺」，是他們的主張，即便豪擲千金也絕不手軟。對於單身人群產生的經濟價值，不妨從國外一窺究竟。

結婚是兩個人的事，拍婚紗照自然需要兩個人配合才能完成。但是在韓國，單身女性只要願意，就可以拍一個人的婚紗照，絲毫不會大驚小怪，只不過就是滿足一個想要穿婚紗的願望而已。因此，單身人士拍婚紗照促成了單身經濟的發展。

---

[18] 《經濟學人》是一份由倫敦經濟學人報紙有限公司出版的雜誌，創辦於 1843 年 9 月，創辦人詹姆士·威爾遜（James Wilson）。雜誌的大多數文章寫得機智，幽默，有力度，嚴肅又不失詼諧，並且注重於如何在最小的篇幅內告訴讀者最多的訊息。該雜誌又以發明巨無霸指數聞名，是社會菁英必不可少的讀物。

　　一個人的生活不如兩個人以上的家庭消耗巨大，因此韓國的電器公司還特別為單身人士設計出小容量的洗衣機、機器人真空吸塵器，以及行動式電視機等人性化產品。為了解決單人吃飯問題，許多食品公司開發出單人份包裝食品，真是方便又環保。與此同時，商家的銷售額也節節攀升，經濟利潤翻倍增長。

　　在以便捷性著稱的日本，單身服務業發展得更為成熟。單身公寓是面積不大的空間，既滿足了一個人的生活需要，又節省了開支。一些人性化的餐廳，為單身人士提供可愛的毛絨玩具陪同用餐，極受歡迎。著名的連鎖便利店 7 — 11 還為單身貴族提供家庭清潔、廚衛清理等便捷服務。無印良品在 2014 年推出的「小號」廚房用具一上市，就受到了廣大單身人士的熱烈歡迎。

　　位於北歐的瑞典斯德哥爾摩，有一個名為「一起擁抱人生旅程」的七層樓住宅專案，是專門為 40 歲以上的單身人士提供獨居生活體驗機會。這裡除了公共餐廳、開放式廚房，還有編制區、木工室等興趣區可供選擇。陌生人在這裡可以共享公共空間，增進了解，吸引了不少單身人士。

　　此外，挪威一家遊輪公司為了吸引更多遊客，於 2010 年將加勒比航線的遊輪增加了 128 個單人房。這樣一來，一個人出行就不必再支付雙人費用了，對單身人士極具吸引力，結果銷售額大增。

　　國外單身人數與年俱增，國內的這一趨勢也勢不可擋。逢年過節，適婚年齡的年輕朋友們回到家，肯定免不了被七大姑八大姨「噓寒問暖」一番。隨著越來越多的人加入單身貴族大軍，催婚團的勢力也是越來越壯大，與之相伴的便是火熱的相親市場。相親市場的火紅，也附帶婚介、交友網站、咖啡廳、電影院等的經濟增長。

第四章
單身既是貴族，也是一門生意

　　29 歲的小米從知名大學畢業，從事一份高薪工作。在親友眼裡，她是典型的中產階級，生活過得自由灑脫。然而，小米至今仍然保持單身，身邊的人都替她著急。小米心態很好，並且很享受這種單身的生活狀態。不過，逢年過節回到家，面對父母和親戚的再三追問，她還是很頭痛，甚至為此和父母大吵過一次。

　　前天晚上，媽媽突然傳訊息告訴小米，剛認識了一個婚戀網站的大姐，花了 500 元讓小米成了網站會員。這家網站的工作效率特別高，一個星期能相親五六次。小米一聽火冒三丈，花這個冤枉錢不說，還嚴重傷了自尊心。

　　「我難道一定要相親才能找到真命天子嗎？難道非要找一個人湊合過一輩子嗎？」雖然內心特別不情願，但是小米又不敢把真實想法告訴媽媽，怕傷害了她的一片苦心。就這樣，這家婚戀網站又多了一個客戶。

　　單身人士貌似花銷不大，實際上卻並非如此。研究發現，單身者更注重個人形象與品味。特別是在單身女性群體中，這一點展現得更為明顯。一位 30 歲的女士說，單身更應該對自己好一點，把自己打扮得漂漂亮亮才賞心悅目。因此，她在保養品、化妝品和服裝方面很捨得花錢。

　　此外，單身女性追求獨立自主，一般與異性參與社交活動，也會主動要求 AA 制。還有各種其他團體活動 —— 健身運動、休閒旅遊等，都需要一筆不斐的開銷。

　　對單身男女來說，找到中意的人並不容易，因此相親活動通常不會一次就成功。每次相親都伴隨著一次消費，相親地點不能太寒酸，為相親準備一套體面的衣服也理所當然。這些投入雖然不一定會帶來美滿的結果，但是單身人士卻捨得投資。

實際上，單身人士更熱衷於參加社交活動，面對各種應酬需要支付相應的費用，從而促成了多次消費。可見，單身貴族也不是那麼好當的，需要花錢的地方一點都不少。單身經濟蓬勃發展，帶動了消費，也讓商家嘗到了甜頭。

【經濟學解讀】...

對於單身經濟，在投資和消費上應該與已婚人士有所差別。在與「成功」相關的產品投資方面，單身人士遠高於已婚人士，前者更追求個人能力的提升。為了讓自己永遠成為一支績優股，他們捨得在自我保值方面加強投資。

那些長期保持單身的人，為了填補內心感情慰藉，對替代品的需求也更為強烈，養寵物、看書、旅行、運動、聽音樂會是他們的理想選擇。透過買房、買車、買保險獲得安全感，也是單身人士的偏好。

衝動消費

人常常不理性，但不理性行為一旦被識別，這種識別就成了新的知識，就會被其他人理性的運用。

今天，單身人士已經成為大城市獨特的風景。他們白天忙於工作，奔波於住處、地鐵和公司之間，承受著強大的壓力，沒有充裕的時間和精力結交異性。

漸漸地，一個人居住、一個人吃飯、一個人上班、一個人看電影、一個人逛街竟然成了常態。到了晚上，華燈初上，望著萬家燈火，一個人常常會感嘆：我在這個城市沒有歸屬感，我感到孤獨。為了排解壓力和孤獨感，他們花錢消費，撫慰落寞的心情。

● 孤獨是一種潮流，花錢享受一個人的自在

城市創造了一種空間，一種氛圍，一種集會，人們在這裡謀生存、求發展，彼此熟悉又陌生。在自我成長、奮鬥中，一個人打拚的日子漸漸成了一種潮流，而單身的人又從中品味到人生的多種味道。

也許一開始渴望愛一個人，也被人愛，但是漸漸習慣了獨自面對一切，孤獨感竟然激發出的不再是悲傷與平庸，反而促使人活出了自己的風格。工作忙碌而勞累，就用金錢善待自己，於是「買買買」成為化解孤獨的新解藥。

　　「一個人過節可以嗎？」這條貼文曾經在網路上紅極一時，引發大家的熱烈討論。很多90後留言說，「享受一個人的寂靜也是一種品味」，「一個人過日子為何一定要看上去可憐，一個人也要好好吃飯，好好生活」，「去高級餐廳品一杯紅酒，來一次說走就走的旅行，去電影院看一場讓我捧腹大笑的電影，一個人可以而且必須過得精彩」。

　　不可否認，當1990年流行音樂中還呢喃著「孤獨的人是可恥的」，今天的年輕人卻開始享受孤獨，顯得更灑脫。單身經濟應運而生，讓越來越多的人找到了一種單身的高級感。

　　李可來到大城市，沒有住地下室、食不果腹的經歷，從一開始她就踩對了步伐，並非常享受單身生活。雖然收入不錯，但是她買不起房，於是租了一個中意的大通鋪。

　　每天清晨醒來，她會到樓下跑步一個小時，然後回來泡一杯麥片，吃幾片麵包。公司離住處很近，李可騎著共享單車去上班，方便又環保。

　　為了在工作中保持良好的狀態，李可很注重自己的形象，在穿衣打扮上從不將就。她認為這是必要的投資，而且自己值得擁有高品質的享受。下班以後，她會參加瑜珈課、插花課，週末偶爾和同事聚聚，享受愜意的時光。

　　更多時候，李可常常一個人到郊外走走，或者去咖啡館品一杯咖啡，看一本好書。晚上次到家，衝個熱水澡，上床睡覺，她感覺這種單身生活一點也不孤獨，反而很有格調。如果有必要，李可在消費上從來不吝嗇，她不想虧待自己。

　　也許有人把李可的經歷看做「少年不識愁滋味」，但是無法否認的事實是，消費孤獨正成為當下的一種流行趨勢。「一個人也要好好吃飯」，隨

著這種趨勢的走紅，像《深夜食堂》[19]、《孤獨的美食家》等日劇無不描繪出了單身在孤獨之外也有一份美好。特別是隨著單身經濟興起，單身不再是一個貶義詞，也不再和悲傷掛鉤，而是享受生活的另一種方式。

● 孤獨刺激了衝動型消費

單身分兩類，主動單身和被動單身。主動單身者將孤獨當作一種時尚風格，享受其中。而被動單身的人，往往會在深夜時被孤獨感裹挾、寂寞難耐。而為了克服、逃避這種孤獨，人往往會產生衝動消費的欲望。

「我不想一個人過生日，於是我買了一堆毛絨玩具，還給自己訂了一個大蛋糕，將家裡裝扮的像開 PARTY 一樣。事後我會後悔這麼做，太浪費了，但是當下一次孤獨感襲來時，我還是會衝動的買一種虛擬的陪伴。」一個單身五年的姑娘這樣安撫心靈。

孤獨的人渴望用外在的東西填滿自己，容易引發衝動型消費。每次一個人去商場，看到有打折活動，那些孤獨的人都會忍不住買買買。雖然回家後就把它們放置在一邊，但是無法避免下次繼續出現類似的情況。如果不是一個人，而是有人陪在身邊，也許勸說一下，他們就不會衝動付款了。

也許有人會懷疑，單身的人真的這麼容易花錢嗎？他們會這麼瘋狂的購物嗎？答案是肯定的。因為單身的人容易孤獨，而孤獨恰恰正是刺激消費最好的良藥。

因為獨身而且收入不斐，她們是最理想的顧客。與其他階層相比，他們更有花錢的激情和衝動，只要東西夠時髦、夠有趣，他們就會一擲

---

[19] 日劇《深夜食堂》改編自安倍夜郎的同名漫畫，人生百味，盡在這四方食堂間。2010 年贏得第 55 屆小學館漫畫獎「一般讀者類別」獎項，並且獲得第 39 屆日本漫畫家協會獎大獎。

千金。今天，恐怕不僅僅是單身女性擁有這樣強大的消費能力和消費衝動，單身男性的購買力和購買慾也不容小覷。

● 單身群體擴大引發新型消費型別

研究「單身經濟」，離不開單身群體。

根據調查顯示，在法國每三戶人家就有一戶是單身，德國柏林的獨身人口數達到總人口的 54%。一項預測顯示，到 2030 年日本的終身未婚男性比例將增至 30%，而女性則增至 23%。不久前，韓國宣布進入「單身全盛時代」。

面對客觀、真實的數字，你必須面對洶湧而來的單身大潮。如此巨大的人群，在聰明的人眼中就是無限商機。

消費，是一個人人生中不可避免的部分，而調查顯示，個人消費要比雙人、家庭消費高得多。如今，無論是在穿衣打扮方面，還是飲食旅行方面，大到住宅汽車，小到家電廚衛，越來越多的為單身人士設計的產品湧入市場，「單身產業鏈」漸漸浮出水面。

【經濟學解讀】...

一個人在商場看到打折、或者喜歡的商品時，也許這些東西對你來說毫無使用價值，但是衝動的欲望會讓你立刻將其買下，事後任憑這些商品被閒置在家，衝動消費往往就在一念之間。這就是典型的孤獨帶來的衝動型消費。

更高級的消費孤獨，正在成為越來越大的商機。今天，一個人吃飯逛街不再招來鄙夷的眼光，而是引起眾人的羨慕。當孤獨和美學相遇，消費市場就這樣被開啟了。

婚戀網站成為創投的愛好

只有當產品的定價過低時，才會發生「短缺危機」。

單身男女為了尋找另一半，一個重要途徑是相親。看看近幾年熱門起來的綜藝節目，它們越受歡迎，就越能證明婚戀市場的火紅。

隨著單身人群越來越大，迫切找到合適的伴侶就成為一種旺盛的需求。今天，年輕人工作節奏快，生活壓力大，很難有充分的時間交友、慢慢相處，並最終確認關係。在 IT 公司上班的李濤就經常抱怨：「我幾乎每天都要加班到九點，有時甚至到半夜。機械又枯燥的工作讓我變得沉默寡言，找對象真的不是我的長項。再看看我周邊的工作環境，清一色的兄弟，唯一的異性就是公司的打掃阿姨了。」

現實中存在同樣困擾的單身青年不在少數，他們的工作環境和工作性質造成沒有太多認識異性的機會及約會的時間。而隨著年齡增長，家長又會左催右催，可是到底去哪裡才能尋得顏如玉和如意郎君呢？顯然，婚戀網站成為單身一族的不二選擇。

藉助網際網路技術迅速發展，婚戀網站異軍突起，也成為廣大都市男女脫單的首選，是因為它最大程度上運用了經濟學中的資訊不對等原理。具體來說，資訊不對等是指交易中的各方擁有的資訊不同，導致彼此的資訊不對稱，占有資訊優勢的一方獲得了最佳的決策權並因此獲利。

網路技術讓商業世界中的各類組織扁平化，廣大單身男女在婚戀網站註冊個人資訊，並獲得了搜尋其他特定目標的權利，由此與中意的目

標連線，開展約會等活動。在這個過程中，註冊人向婚戀網站支付特定的費用，成為網站的一部分利潤來源。

隨著人口流動加劇，年輕人在茫茫人海中尋找到合適的伴侶變成了一件困難的事情，造成單身人士增加。婚戀網站抓住這一需求，並因為極大的便利性為消費者提供交友服務，由此單身男女獲得了最有效率的尋找結婚對象的方式。而婚戀網站則成為風投的「香餑餑」，得到了迅速發展。

婚戀交友網站越來越受單身人士的歡迎，並憑藉這一市場優勢得到了風險投資的青睞。事實上，婚介服務業是一個有著廣闊發展前景的產業，它從古代的媒婆發展到今天龐大的商業組織活動，從個人行為逐漸發展為公司化運作，越來越深刻地影響著人們的生活。婚介網站會有多熱門，讓我們來看看這背後龐大的需求人群。

世界上絕大多數國家都有婚介行業，這是隨著經濟的發展而興起的，經濟越發達的國家，婚介市場越火紅。有統計顯示，法國有 70% 的單身男女曾經求助於婚介交友服務機構來尋找伴侶。而在人口眾多的東亞國家，比如日本和韓國，婚介市場更是供不應求。

既然單身的男女這麼多，那他們互相搭配一下不就解決了嘛！偏偏尋找伴侶不是一件簡單到可以機械化的事情。現代社會越來越多的大齡單身男女，主要面臨兩個方面的壓力：工作太忙，圈子太窄。正是基於這兩個共同的難題，婚介看到了需求，並得以發展壯大。

隨著經濟的迅速發展，人們的工作和生活節奏越來越快，個人的業餘生活空間越來越狹窄，社會交際活動的圈子也越來越小，這增加了年輕人結婚的難度。與此同時，當今離婚率高，再婚難的問題也很突出，使得越來越多的單身人士選擇婚介機構解決婚姻問題。

　　工作之後，許多人在親友、同學的幫助下參加過相親活動。通常，他們礙於面子，不好拒絕，但是有的相親對象確實讓人提不起興趣，結果相親大多以失敗告終。藉助婚戀網站資訊篩選技術，單身男女可以有針對性地尋找目標，不用考慮親友的感受，從而可以有充分的選擇權。並且，有網站龐大的數據支持，提供的選擇機會足夠多，無疑會極大地提升相親的效率。

　　婚戀交友網站火紅之下，引來了大批風投[20]，反過來為單身男女提供更優質的服務。不過，市場火紅的背後還要有一絲冷靜，太熱的東西往往會被忽視掉漏洞。而廣大單身男女在交友過程中也要擦亮眼睛，努力選對人。

【經濟學解讀】 ...

　　風投為何會願意拿出那麼多錢投資一個婚戀交友網站，主要考慮五點：第一，商業計劃是否具備可行性；第二，經營團隊的背景與能力；第三，市場規模大小與開發潛力；第四，產品與技術能力；第五，財務計劃和投資收益率。

　　有需求就會有市場，婚戀交友網站的興起與社會變遷、單身經濟發展密不可分。把握住單身經濟的機遇，婚戀網站的明天一定會很美好。

---

[20]　風投，即風險投資（Venture Capital），簡稱 VC，也稱創投。廣義的風險投資泛指一切具有高風險、高潛在收益的投資；狹義的風險投資是指以高新技術為基礎，生產與經營技術密集型產品的投資。

為單身男女所開發的線上遊戲

　　兩個人都會製造鞋子和帽子，其中一個比另一個在每一行業都處於優勢，但是，在生產帽子方面，他僅能以 1/5 或者說 20% 的優勢超過他的競爭者，而在生產鞋子方面，他勝出對手 1/3 即 33%；為了雙方的利益，何不讓這個具有優勢的人專門生產鞋子，而另一個處於劣勢的人專門生產帽子呢？

　　電腦的普及，科技的進步，讓線上遊戲成為人們喜愛的專案。在遊戲的世界裡，可以扮演各種角色，或是蓋世英雄項羽，或是足智多謀孔明，你既可以是萬人敬仰的女皇，也可以是行走江湖的女俠。可以說，網路給大眾提供了一個可以實現夢想的機會。

　　線上遊戲的一個優勢是，你可以足不出戶，不必見任何一個人，就可以在家中輕輕鬆鬆地與人聊天、合作打怪。這對單身男女來說，絕對是打發時光的完美選擇。

　　線上遊戲市場究竟有多火紅，一組數據告訴你答案。2015 年，全球線上遊戲市場規模達到 884 億美元，同比增長 9%。在過去的五年，全球線上遊戲基本穩定在 8% 的增幅速度。

　　線上遊戲美輪美奐、精妙逼真的遊戲場景，深深吸引著每一位年輕人。也許在現實生活中你是一個沉默寡言、比較瘦弱的男生，但是在線上遊戲世界裡，卻可以成為指揮萬馬千軍的大將軍。現在的線上遊戲多數都要組隊作戰，這就給電腦面前的單身男女提供了一個認識朋友的機會。

第四章
單身既是貴族，也是一門生意

2016 年一部爆紅的電視劇，就講述了一對因線上遊戲結緣，從線上遊戲仙侶發展成為現實情侶的甜蜜愛情故事。這的確給單身男女一個提示，現實中解決不了的問題，也許可以透過遊戲世界結緣。線上遊戲火紅，而單身男女專注其中，並渴望交友，那麼兩者結合起來，專門針對單身男女開發設計婚介性質的線上遊戲，市場一定非常廣闊。

張譯和王茜就是一對透過線上遊戲結緣的小夫妻。業餘時間，張譯喜歡打遊戲，偶然認識了王茜。起初，他們只是為了打怪而結成的俠侶，但是王茜的戰鬥力實在不行，張譯難免奚落一番，兩個人在遊戲裡鬥嘴。一來二去，張譯發現這個姑娘很有趣，於是兩人慢慢從遊戲裡的俠侶演變成了現實中的情侶。

玩遊戲真的能幫助單身男女脫單。在遊戲世界裡，當事人融入角色，對另一方體貼、照顧，自然容易讓人感動。如果能夠一起克服萬難，降妖除魔，最終獲得勝利，勢必增進互信。這就像是現實中談戀愛一樣，有緣分的人終究會走到一起。

透過線上遊戲走到一起的情侶絕不止張譯和王茜這一對，因為擁有龐大的需求市場，線上遊戲婚介的流行成為一種必然。

「線上遊戲婚介」究竟是怎麼紅起來的？又是怎麼被發現的？一款知名遊戲的設計者們提供了完美的答案。當初做遊戲的使用者調查時，他們發現大部分玩家都是單身男女。「這麼多落單的男女，為何不在遊戲裡助他們一臂之力促成一段姻緣呢？」

既然大家都愛玩遊戲，那麼在遊戲基礎上發展而成的愛情則會更加可靠。於是該團隊大膽設想，然後付諸實際，最終推出了活動，打造首個「線上遊戲婚介所」。該活動一經上線，就引起了廣大玩家的熱烈反響，參與熱情持續高漲。

　　網路技術在重塑人們的生活，改變交友、戀愛的方式，越來越的單身男女相識在線上遊戲世界中，在線上遊戲婚介所了解到對方的訊息，互相關注彼此動態，然後隱隱約約試探著了解對方。藉助線上遊戲的幫助，人們開啟心扉，在相互了解中進一步確認了戀愛關係。在成就有情人的同時，線上遊戲商家也從中分得一杯羹，獲得了豐厚的利潤回報。

　　線上遊戲市場火紅，紅利也很大，如何在激烈的競爭中分享蛋糕，需要結合經濟學的知識抓準商機。與單純的婚戀網站不同，「線上遊戲婚介所」藉助線上遊戲吸引有緣人，更具成本競爭力，這在經濟學上被稱為「比較優勢」。

　　具體來說，比較優勢是指一個生產者以低於另一個生產者的機會成本生產一種物品的行為。顯然，「線上遊戲婚介所」比婚戀網站的機會成本更大，一款廣受歡迎的線上遊戲聚集幾百萬、上千萬人並非天方夜譚。在線上遊戲消費的過程中，順勢提供單身男女交友業務，無疑營運成本更低，也更能在情感上贏得消費者的信任。

　　在行動網際網路快速發展的基礎上，商家如果針對單身男女交友進行市場細分，未來預期仍有較大的市場空間。「線上遊戲婚介所」無疑是線上遊戲紅海大軍中的一片藍海，擁有廣闊的發展前景，一旦找對切入點，盈利不會是夢想。

【經濟學解讀】...

　　根據「兩利相權取其重，兩弊相權取其輕」的原則，集中生產並出口其具有「比較優勢」的產品，進口其具有「比較劣勢」的產品，商家就能獲得最佳的經濟效益。

　　在線上遊戲市場中，針對單身男女而設計的「婚介所」就是在發展比較優勢，從而在激烈的市場競爭中殺出重圍，開闢盈利新空間。

受單身人士青睞的小型住宅

實驗室只能產生偉大的設計，但是偉大的產品只產生在市場行銷當中。

一個人一間房，一頓晚餐一張床，這越來越成為單身男女的個人生活寫照。而衣食住用行最關鍵的是「住」，如何解決住房問題，是擺在單身人士面前的一道難題。

單身人士更愛哪種房子呢？首先分析一下單身人士對房子的需求。多年來，中國房價始終處於居高不下的狀態，而且一二線城市的房價更是節節攀升，讓人不敢想像。面對如此高昂的房價，單身人士如果決定買房，小戶型房子無疑會成為他們的首選 —— 畢竟只有自己一個人住，買大了又貴又不合適。

與已婚人士相比，單身男女沒有生活負擔，不用考慮子女教育問題，他們追求輕鬆、自由、方便、舒適的生活方式，由此形成了特定的市場需求。在許多地方，小戶型[21] 成交率持續攀升。

相關調查結果顯示，在 26 歲至 35 歲的單身青年中，57.14% 的人是極小戶型的主要需求者，49.58% 的網友選擇買「總價低，首付低」的房子，81.11% 的網友選擇小戶型。顯然，這是單身男女在購房上的消費偏好。

---

[21] 小戶型（SOLO）原本的意思是指獨奏、單獨、單飛。在這裡，它指的是超小的戶型，主要的定義要素是：每套建築面積在 35 平方公尺左右，臥室和客廳沒有明顯的劃分，整體浴室，開放式環保節能型整體廚房。

在經濟學上，消費偏好是指消費者對特定的商品、商店或商標產生特殊的信任，重複、習慣地前往一定的商店，或反覆、習慣地購買同一商標或品牌的商品。在巨大的高房價壓力下，單身男女結合自身生活特點，更願意購買總價低的小戶型房子，這是一種理性的選擇。

小戶型這一概念最早出現在日本和香港。兩地有一個共同特點，那就是人多地少、住房資源十分緊俏。因此，面積 20 多平方公尺左右，客廳和臥室一體化的小房子很受單身男女歡迎。在大城市裡購買小戶型或者租小戶型房子，已經成為非常普遍的現象。比如，上海某單身公寓房地產，一經上市就在短短數週之內被搶購一空。其中，22 歲到 25 歲的單身女性購房者佔到了總數的 30% 以上。

「我想擁有一套自己的房子，房子能給我帶來安全感，但是大戶型並非我所需要。小戶型房子更能符合我的需求，並且讓我感到溫馨、舒適。」一位購房的單身女士這樣說。

在單身人群中，有些人是堅定的獨身主義者。他們為自己以後的生活做打算，把買房當作投資以及對未來生活的保障。許多人買不起大房子，而小戶型完全在其承受範圍之內，因此這成了他們的完美選擇。

也許你認為房價低是小戶型房子走俏的原因，但這並非絕對。在一些城市，小戶型房子的單價往往高於周圍房地產的均價，卻依然能夠吸引眾多人購買。根本原因在於開發商摸清了單身男女的市場需求，然後對產品精心設計，做到了有的放矢。某城市中一個小戶型房地產，在平均售價遠高於當地平均房價的情況下，100 套單身公寓瞬間就被瘋狂搶購一空。

在各地，小戶型房產市場也呈現出類似火紅的場面，一家房地產開放公司負責人說：「購買小戶型住房的人群在增加，主要是單身女性，集

中在 30 歲到 40 歲之間。她們擁有購房實力，也有購房需求，或是作為結婚生子之前的過渡房，或者作為一種投資。總體來看，單身人士購房擁有巨大的發展潛力，這也是一個趨勢。」

今天，小戶型並非傳統觀念中的狹窄擁擠、破敗不堪，而是方便、舒適、自由、精緻的代名詞。精心設計的小戶型房子，更符合單身男女對生活品質的要求，這是商家對消費者偏好認真研究、精心策劃的結果。

陳穎是一家醫院的內科醫生，工作五年了，30 歲依然保持單身。事實上，她有過兩段感情經歷，但是都無疾而終。此後，她被家長催婚，並多次參加相親，始終沒有遇到有緣人。最後，陳穎沉靜下來，決定好好享受單身生活，一切順其自然。

工作多年，陳穎手中有了一筆積蓄，她考慮給自己買套房子。雖然感情還沒有著落，但是結束租房生活，有一個自己的小窩會讓心靈多一點溫暖。很快，她選中了一個小戶型，這在可承受範圍之內。

有了自己的房子，哪怕是小小一間，內心也感到踏實很多，覺得自己不再是無根的浮萍。這是許多單身女士的心聲。年齡大了，可以沒有遇到心愛的人，但是一定要有自己的家。

年輕的時候追求個人夢想，在工作中有所建樹，越來越成為單身者的生活理念。他們不急於走進婚姻，先讓自己變得更好，形成了一種追求卓越的人生態度。顯然，舒適溫馨的房子是生活高品質的重要展現，也是他們在回饋自我的禮物。

房子的確是生活中最大的開銷之一，那為何有越來越多的單身人士投入到購房大軍中呢？一方面，房子為單身人士提供了充分自由的個人天地，他們可以離開父母居住，可以擺脫合租的麻煩，真正實現了經濟

獨立、生活自由。另一方面,單身人士有高品質的追求,小戶型房子無疑是成功品質的證明。因此,單身男女偏好小戶型房子,實現了個人資產的增值,以及自我價值的詮釋。

今天,單身人士有特定的價值觀、消費理念,使得他們的消費偏好發生了變化。在不動產投資方面,購買小戶型房子成為他們的首選。在地產開發行業,小戶型向來是一種重要的產品型別。一方面,它受到單身人群歡迎;另一方面,最大程度上滿足了從未婚到已婚人群的過渡性需求。

正所謂蘿蔔青菜、各有所愛,有人鍾愛大房子,有人喜歡住別墅,有人想讓全家人生活在一起,有人渴望一人一花一世界。實際上,「偏好」是潛藏在人們內心的一種情感和傾向,它是非直觀的,引起偏好的感性因素多於理性因素。每個人的偏好不同,這就會引起行為選擇不同。

【經濟學解讀】...

消費偏好受多種因素的影響,收入、經驗、地理位置、朋友圈等都會影響消費者的選擇。今天,單身男女大多有較高的收入,集中於城市之中,周圍的朋友多數有購房的經歷或購房的需求。在這樣的背景之下,單身人士對購買小戶型房子充滿了熱情。

單身群體越來越大,他們對於房子的需求也就越大。追求生活品質的單身男女渴望告別租房的日子,擁有一套自主設計的小房子,於是精緻簡約的小戶型便成為他們偏愛的對象。

小型電鍋的目標客群

所謂「創新」，是指建立一種新的生產函數，即把一種從來沒有過的關於生產要素和生產條件的「新組合」引入生產體系，而「企業家」的職能就是引進「新組合」，實現「創新」。

俗話說「民以食為天」，一個人也要好好吃飯。但是一個人的生活面臨一個難題，吃飯、洗衣根本用不到那麼大容量的家電，只想吃一人份的蒸米飯，卻不得不做出一鍋，然後剩在那裡浪費錢財和糧食。市場就是這樣，哪裡有抱怨，哪裡就有商機，適合單身人士使用的小型家電應用而生。

50 公升容量的電冰箱，3 公斤重量的洗衣機……越來越多的小家電湧入市場，受到單身人士的青睞。隨著人們生活節奏的加快，特別是近年來單身公寓、小戶型房地產的走紅，小型家電也越來越受歡迎，這其中的「當家花旦」便是小型電鍋。

小型家電成為了市場的「香餑餑」，甚至有越做越大的趨勢，背後是單身經濟潮流的興起。縱覽小家電市場，卡通化是其共有的特點。為何如此呢？因為購買小家電的人群多數是年輕的單身一族，他們更喜歡可愛萌趣的產品。卡通袖珍飲水機、造型可愛的電鍋、迷你塑膠電風扇等種類繁多的小家電，深深抓住了廣大單身男女的眼球。

單身女李雪每次逛電器，都會被各式各樣可愛的迷你小家電吸引住。它們實在太可愛了，有小熊，有凱蒂貓，還有各種小動物和卡通人

物造型。李雪平時就喜歡看動畫，感覺把它們買回家就像是領養了一個小寵物似的，放在那裡就會令人心情愉悅。每次用它們做飯的時候心情特別好，一點都不累，充滿了樂趣。

單身男張佳明購買小家電，主要是為了環保，堅持一種健康的生活方式。家裡只有他一個人，完全沒有必要使用大的家電。比如使用小的電鍋，一個人足夠用了，可是大的電鍋一次必然蒸很多米飯，這簡直是一種浪費。

色彩鮮豔、外形可愛、卡通風的小型家電代表了一種消費理念和生活方式。便捷、時尚、環保、健康的產品符合廣大單身人士的消費口味，自然受到他們的追捧。

小家電針對消費人群，做出人性化設計，不但簡化了大型家電複雜的各種功能，而且還將實用性發揮到極致。比如，有的品牌 1.6 公升小電鍋不但具有可愛的小豬造型，同時還具有 15 小時預約定時，還可以做蛋糕等。

為了更好的滿足單身一族的消費需求，迷你小家電更是細分效能，發展出如懶人煮蛋神器，為愛美女生設計的香氛水氧機，為飲茶愛好者推出的專用品茗爐，還有特別為解決單身上班族吃早飯問題而生產的烤麵包機。真正考慮到消費者的實際需求，盡一切努力做好細節，這樣充滿誠意而又實用功能的產品自然會受到顧客的喜愛。

除了以上提到的小型家電受歡迎的原因之外，促使越來越多的單身人士選擇小型家電，最為重要的一個原因就是「CP 值」。

在經濟學上，「CP 值」全稱是「性能價格比」，是指一個性能與價格之間的比例關係。CP 值應該建立在消費者對產品效能要求的基礎上。也就是說，CP 值是一個比例關係，它存在其使用範圍和特殊性，不能一概而論。簡單地說，就是花最少的錢滿足自己最大的願望。

　　實現購物最佳 CP 值，首先要了解自己缺少什麼。作為單身人士，你完全用不到對開雙門大冰箱，也不需要供 4 到 6 人吃飯的電鍋，因此在購物之前，要做好計劃，考慮資金是否充足，然後再去購買適合自己的產品。其次，家電這類產品一般使用年限都比較久，所以在選購時要考慮購買知名品牌，信譽度良好的產品。再次，要認真比較價格，也就是通常所說的「貨比三家」。購買物美價廉的產品是一個重要原則，一個人買大冰箱可能動輒就要幾千甚至上萬元，但是小型家電只要花費幾百元就能滿足日常需要，何樂而不為呢？

　　在眾多小家電的激烈競爭中，小型電鍋殺出了一條重圍，取得了傲人的利潤。一項問卷調查顯示，大學生購買迷你電鍋的不在少數，他們一般會選擇容量大約 2 公升到 3 公升，能夠滿足個人生活需要的產品。單身上班族對此的需求也很大，特別是女生。男生經常選擇在外吃飯，不愛做飯，但是女生則更喜歡在宿舍、自己租屋處煮飯。不過，因為條件有限，多功能的小型電鍋成為女生的最愛。

　　小家電市場從無到有，從小到達，從弱到強，發展到今天已經逐步邁入了穩定健康的增長時期。調查數據顯示，小家電市場仍然處於較高的增長，市場對小家電產品的需求始終維持在良性的、穩定的水準上，整體增長態勢穩健。

　　其中，電鍋存在一定增量市場，雖然不像以往那麼搶眼，但是新興品類料理機處於成長期，出現了爆發式增長。這表明，單身人士的產品喜好發生變化，但是小型家電市場整體上仍然充滿勃勃生機。

　　與傳統家電產品不同，小家電的銷售仍然處於發展階段，隨著消費者需求增加，其種類和數量都在提升。小家電平均利潤率高，為企業帶來的收益也高。未來小家電的利潤率和增長率均將提升至 30% 左右。

【經濟學解讀】．．．

　　小家電行業的發展並非一帆風順，也存有一些問題，比如安全實用性、品質保證、行銷服務體系等。行業之間激烈的競爭，既可以促進進步，也可能帶來惡性競爭。

　　如何在市場大潮中站住腳跟，就要打好 CP 值這場攻堅戰。質優價廉、設計人性化、功能齊全、外觀精緻，這樣的產品才能獲得消費者的認可。

供需機制下的食物美學

技術進步、投資增加、專業化和分工的發展等，並不是經濟增長的決定性因素，決定經濟增長的因素是制度。

如果說 2017 年哪一部電視劇令人難忘，引起網民熱烈討論，翻拍自日本的《深夜食堂》一定會榜上有名。雖然這部劇集在一定程度上遭遇水土不服，但是仍然為觀眾展示了城市夜歸人的生活狀態。

有人說，這不過就是一個老男人在深夜裡為幾個常去的客人做一頓簡單的飯，有什麼意思呢？實則不然，故事並非只是吃吃喝喝那麼簡單，而是用美食道出了人物背後的孤獨感。每一道美食，都藏著食客內心的一個故事，或者關於一個人，或者關於一段情，越來越多的單身人士在這部劇中找到了共鳴。

在偌大的城市中奔波，當華燈落幕、人潮散去時，我們究竟在為何努力？又為誰而哭泣？此時此刻，深夜中的一碗麵、一份厚蛋燒、一根烤香腸，都不再僅僅是食物，而成為了單身男女和這個孤獨城市能做的最後拉扯。當孤獨成為這個城市的通病，食物往往就超脫了食物本身，變成了一種生活方式，演變出美學的意味。

現在網路上很流行「一人食」影片，影片中的人或者孤寂地坐在家中，在昏暗的燈光下看著無趣的電視劇，獨自吃著一份冷水泡麵；或者一個人坐在高級餐廳裡，品嚐著西冷牛排的嚼勁和白葡萄酒的清香；又或者滿心滿足地吃著自己精心準備的蔬菜沙拉和芝士焗飯，一人食的風

格或孤寂、或淒涼、或小確幸，但是都證明了吃飯已經超出了填飽肚子的生理需求範疇，蘊含了一種美學在其中，成為單身男女的一種流行趨勢。

為了滿足單身人士對飲食美學的追求，越來越多的餐廳開始注重這些方面的細節。在日本，餐廳為顧客提供的細節服務可謂達到極致。一家著名的連鎖拉麵店，在店門口設定了自動販賣機供客人點單，店內全部都是用簾子隔開的一人間，需要服務只需按鈴即可。在這裡，食客擁有了充分的個人空間，能在這個時空裡好好享受自己和食物的獨處時光。

在東京，有一家主打「抵抗孤獨」的咖啡店，為了照顧獨自來喝咖啡的顧客，他們會提供可愛的毛絨玩具陪伴顧客一同用餐。這種情景在著名火鍋連鎖店「海底撈」也頻頻出現。「陪吃玩偶」的問世，不僅給單身顧客送去了溫暖，也成了吸引消費者的賣點。

在世界各地，這樣的單身餐廳越來越受歡迎。美國弗羅裡達州一位美食專家阿倫·艾倫根據調查發現，「過去，如果一個人獨自到一家高級餐廳吃飯，往往會被周圍人視為『沒朋友的失敗者』。現在，大多數人不會再對此感到奇怪。」這是社會觀念的改變，背後是單身人群崛起的寫照。高離婚率也增加了單身人數群體，催生了更多單身消費者，不為別人，只為自己活得開心輕鬆一些。單身人士都希望對自己好一點，值得擁有更美好的東西，單身飲食就這樣熱門起來。

李敬經常加班，通常坐著末班地鐵回家。看著地鐵上的人寥寥無幾，再看看漸漸隱去的路燈，此時此刻，她會特別可憐心疼自己，感覺自己辛苦奮鬥也未能有一個溫暖的擁抱。這個時候，李敬特別不想馬上回家，因為那個屋子裡只有自己孤單的身影，讓人特別無助。

第四章
單身既是貴族，也是一門生意

　　雖然夜深了，但是李敬渴望能夠在外面吃上一碗熱騰騰的麵 —— 哪怕只是一碗泡麵，只要是別人特意為她而做，立刻就能感到一股暖流湧入心頭。對李敬來說，她吃的不是飯，而是一種情懷，是一種心情。

　　在每一個夜深人靜的大城市，有許多像李敬這樣獨自打拚的單身男女，渴望從美食中得到心靈慰藉。既然有需求，市場就要做出供給。掌握好供需關係，這就是經濟學再簡單不過的道理。美國著名經濟學家薩繆森說，學習經濟學只需要掌握兩件事，一是供給，一是需求。

　　什麼是供給？什麼是需求？「供給」指的是生產者在一定時期內在各種可能的價格下願意而且能夠提供出售的該商品的數量。這種供給是指有效供給，必須滿足兩個條件：生產者有出售的願望和供應的能力。「需求」指的是消費者在一定時期內的各種可能的價格下願意而且能夠購買的該商品的數量，即可消費者想得到某種商品的願望。需求不是自然和主觀的願望，而是有效的需要，它包括兩個條件：消費者有欲望的購買和有能力的購買。

　　今天，單身食客對於充滿美學的飲食需求很大，而商家要做的就是迎合消費者的需求，推出精準服務的產品。從這個意義上說，針對單身男女的美食生產者不僅要掌握烹飪技巧，還要諳熟單身男女的情感需求與心理特點，進行創意性設計。

　　在市場中，供需變化受很多因素的影響，比如價格越高，需求量越小；價格降低，需求量上漲。此外，還與整個社會大環境息息相關。比如，隨著國民經濟的增長，人們的生活條件提高了，精神生活追求逐漸高於物質生活追求，此時人們對家用汽車的需求就大幅度增長了。

　　進入單身經濟時代，單身大潮洶湧而來，食物美學應用而生，這就是供需機制作用的結果，是市場經濟的自然規律在發揮作用。

【經濟學解讀】...

　　供需關係最重要的就是需求，需求決定供給，只有市場需要，商家才會去生產。供需關係處於平衡狀態時，市場價是正常價格，而這種情況在實際中是很難實現的。

　　供不應求、供大於求才是常態，而為了盈利，自然供不應求是最好的狀態，但也要在適度的範圍內。為此，商家針對單身男女提供美食服務的時候，更應該把美食創意設計、就餐環境等當作重點。

有情侶衣，就有單身服

對商品生產而言，擴張市場才是解決問題的根本所在。

單身人群增加，已經引起了商家的注意，並催生了單身經濟發展。今天，單身不再令人詬病，反而成為追求個性、時尚的標籤，被引入各種消費活動中，拓展了商業內涵，帶動了經濟發展。

對此，可以用經濟學中的「擴張路徑」進行解釋。所謂「擴張路徑」是指與各種產量相對應的等產量線與等成本線相切的點的軌跡。也就是說，所有投入品都是可變的，都有一個演進和變現的過程。

當有的人還在主打情侶牌、賣情侶衣的時候，更精明的商家已經發現了單身服飾的機會，並從中發現了賺錢的門道。「光棍衫」的誕生就是一個路徑擴張的生動案例。

「光棍衫」是怎麼來的呢？這出自一位大學學生王婧菁同學之手。在一件很普通的白 T 恤上，最明顯的就是正面三個放大加粗的「1」字。至於背面，設計就更隨心所欲了，除了大學的 LOGO 外，內容非常搞笑，有「單身恆久遠，光棍永流傳」、「一件光棍衫，半世獨身緣」、「當光棍不難，難的是一輩子當光棍」等不同的字樣。在更加簡潔的版本裡，背面設計被簡化為 「光棍是一種境界」。

本來這只是王婧菁的一時興起，但是沒想到受到了同學們的熱烈歡迎，很快就在校園內流行起來。談起設計「光棍衫」的初衷，王婧菁說：「這所大學原來是個工科學校，男生偏多，『光棍』也多，恰逢建校 111

週年，『光棍』的點子就是這麼想出來的」。

「光棍衫」做出來以後，王婧菁開始在網上發文賣衫，最初頗受男生歡迎，也有情侶下訂單。後來，全國各地乃至國外的的校友也感興趣，網上甚至還出現了盜版。無意之中就切中了市場的脈搏，王婧菁走在了潮流之前。

從事商業活動需要想像力，並善於發現商機、把握機會。有商業頭腦的人發現一個好點子，就大膽嘗試，在不斷試錯中拓展商業鏈條，擴充商業機會，成為真正的贏家。

單身經濟蓬勃發展，讓更多人嗅到了商機。楊銳是單身派文化公司的總經理，他所帶領的 T 恤、圍巾、手套等單身主題織品早已在成都掀起流行狂潮。這讓他成為創業榜樣。

2009 年，楊銳失戀了，整個人失魂落魄，心情很糟糕。有一天，他走在大街上，看到一對對拿著玫瑰花、穿著情侶衣的情侶，這才意識到當天是情人節。想到這裡，楊銳心裡更不是滋味了，「憑什麼你們情侶就可以開開心心過節，而單身的人就要落寞度日？」

忽然，一堆情侶穿的情侶衣讓楊銳眼前一亮，男生衣服上面寫著「我只洗碗，不吃飯」，而女生衣服上寫著「我只吃飯，不洗碗」。當時，楊銳一下子被逗樂了，腦袋裡靈光一閃，為什麼情侶可以有情侶衣而單身男女就不能有「光棍衫」呢？想到這裡，他萌生了一個想法，決定開發一種印有「單身」的 T 恤，也就是「光棍衫」。

當時，楊銳想到了就做。雖然只是一個大三的學生，但是他充滿自信，立刻召集幾名同學進行分工——財務、設計、行銷，安排得妥當。他給團隊起了一個響噹噹的名字——「單身派」。經過多次調查、修改，最終楊銳和團隊設計出了第一款單身 T 恤，黑色的「天涯光棍」字

樣印在白色 T 恤胸前，左邊標有「單身派」的拼音縮寫「dsp」。

小試牛刀之後的楊銳，逐漸嗅到了單身潮背後的巨大市場氣味。隨後，他籌錢訂貨，然後聯繫到賣家，再下單發貨，買賣越做越大。另類時尚、略帶自嘲的「光棍衫」持續走紅，給楊銳帶來了豐厚的收入。

在常人眼裡，服裝不過就是保暖遮羞的東西。但是隨著社會進步、物質文明日益發達，人們的精神世界越來越豐富，對物質生活的追求更加注重品味、格調。以前賣衣服，抓住了情侶市場，如今單身潮來臨，經濟勢頭也要隨之調轉風向，這就是經濟學中的「擴張路徑」。「情侶衣」不是唯一選擇，「光棍衫」應運而生，唯有跟隨市場求變才能把握商機。

藉助單身人士崛起及其強大的消費能力，消費市場也迎來了新的機遇。單身人士增加，帶動了「單身經濟」。

【經濟學解讀】 ...

路徑擴張是企業發展的必然選擇，也是持續獲得盈利的現實要求。科學合理的擴張可以讓企業做得更大更強，並提高市場競爭力。

企業擴張的路徑有單一化擴張、多種化擴張、一體化擴張、多元化擴張等形式。無論處於哪個階段，無論選擇哪種擴張方式，經營者都應該以增加企業擁有和控制資源的數量為手段，以提高資源利用效率、增強企業的盈利能力和競爭能力為標準，實現產品價值、商業利潤最大化。

賦予常見的愛情小物新意義

消費支出依賴於未來的預期收入。

當單身人士成為一個龐大的群體時，戀愛就成為了一個永恆的話題。偉大的詩人普希金曾經在詩中寫道：「我記得那美妙的一瞬，在我的面前出現了你，有如曇花一現的幻影，有如純潔之美的精靈。」試問，有誰不渴望這般的愛情呢？不管是主動單身還是被動單身，他們都有找尋伴侶的渴望。

愛情是世界上最美妙的事情，「柔情似水，佳期如夢，忍顧鵲橋歸路。兩情若是久長時，又豈在朝朝暮暮」，古人為我們描述了愛情的甜蜜，追尋愛人是人的本能與權利。但是，今天人們彼此之間的連繫在悄然發生新的變化，大部分時間被工作占據。

每天，人們習慣與機器打交道，似乎忘記了如何與人相處。特別是在大城市，彼此之間的交流更多只是停留在工作領域，個人生活的分享少之又少。在這樣一種整體較為冷淡的交友環境中，去追求意中人變得非常困難。

陳典是一個比較靦腆的小夥子，在工作中結識了康寧。兩個人有很多共同愛好，經常交流工作心得，分享生活趣事。陳典被康寧的活潑可愛、積極向上吸引，但是他非常羞澀，不知道康寧是否有戀人。另一方面，他又不敢去問，於是一直暗中苦惱。這愛意遲遲沒有表達，直到有一天陳典聽同事說，康寧被樓上公司的一個帥哥追到了，他才後悔莫及。

生活中，有過陳典這種遭遇的人很多。他們要麼個性木訥，要麼缺乏自信，要麼錯失良機，最後與意中人失之交臂，留下了深深的遺憾。遇到對的人卻無法牽手，這對單身男女來說是多麼心痛的一件事。然而，有人善於表明單身身分，與愛的人終成眷屬，不但實現了心中所願，還激發出了潛在的商機。

有一位單身女生，一直暗戀一位優秀男士，但是苦於不知對方是否為單身，所以一直小心翼翼，不敢越雷池半步。後來，她把內心的想法告訴了哥兒們吳志勤，希望得到幫助。

隨後幾天，吳志勤一直在思考如何幫朋友解決這個問題，直到有一天他看到電影中探員透過特別的暗號聯絡，才有了靈感。他突然想到，為什麼不透過特定的標誌對外界暗示自己的感情狀況呢？

萌生了這個念頭之後，吳志勤便開始著手設計標誌。2009 年 4 月，吳志勤經過一番努力，設計出了第一款單身手鏈。他把這個創意告訴網友時，立刻得到了大部分人的支持，表示願意購買。這讓吳志勤看到了商機，不到兩天的時間，他就收到了網友的五百份訂單，令人欣喜萬分。

於是，吳志勤乾脆辭掉原來的工作，開始專心致志做單身生意。經過網友口口相傳，很快單身手鏈的銷量就突破了 5,000 條。看到市場如此廣闊，吳志勤更加專注地做好這項工作。

透過市場調查，吳志勤發現這單身手鏈的風格要多變，因為這類特定消費者的性格、品味、追求都不一樣，設計上不能一成不變，必須推陳出新。他把女款分為「時尚」、「優雅」、「可愛」、「智慧」四種型別；而男款分為「風度翩翩」、「聰明自信」、「運動陽光」、「成熟穩健」四種型別。這讓外界可以從單身標誌的風格上，區分佩戴者是哪類男生或女生，在「搭訕」之前，就有了一定了解，因此一經推出就大受歡迎。

　　隨著單身手鏈的熱賣，吳志勤冷靜分析，並不滿足於取得的成績，認為單身男女還有更廣闊的需求。2010 年初，他又設計出了單身徽章，上面印有單身男女的網路 ID，這樣即使是在茫茫人海中擦肩而過，也能透過徽章 ID 在網路上與心動的人相會，擦出愛情的火花。

　　透過單身腕帶和徽章等產品，吳志勤營造出了一個高效、低成本的交友氛圍，被越來越多的單身青年追捧。

　　吸引單身人士的眼球，勾起他們消費的欲望，就要明確對方的訴求和欲望。比如，你準備開一間單身酒吧，在前期要做好市場研究。當然，這不是多發幾張宣傳單就能解決的問題，需要摸清消費族群的整體心理訴求，了解他們喜歡什麼樣的裝修風格，偏愛什麼口味的酒水，鍾情哪種型別的音樂……都要在前期準備中展現出來。

　　當單身成為一種潮流，當戀愛成為一種訴求，這蘊藏背後的預期利潤就頗為豐厚了。廣闊的單身潮原本是一件讓父母憂心忡忡的事情，但它又誤打誤撞激盪出「單身經濟」的繁榮。準備從單身族身上掘金的人，需要下一番功夫才能得到豐厚的回報。

【經濟學解讀】...

　　單身人群持續增大，的確帶來了無限的商機。但是，任何商業投資都要以理性分析為前提，做好充分的準備工作，設定好預期利潤目標。清晰的預期目標和利潤設計方案，可以讓投資者有的放矢。

　　對單身市場的開闢，有兩種商業型別可供參考：一是單身消費型，比如為了迎合單身族對食品的快捷、方便、美味、營養、環保等要求，食品生產廠家陸續推出了一些新的保健食品和健康食品；二是行業訂製型，比如地產商特別為單身男女設計建造單身公寓、小戶型房產。

第五章

想當單身貴族，先從理財做起

　　研究顯示，新一代單身人士不僅比上一代人更富有，也更願意花錢。然而，如果不懂得科學理財，不但無法提升人生品質，而且還會坐吃山空，與自由、富足的單身生活背道而馳。與已婚人士相比，單身男女更需要為自己規劃未來。

透過財富自由實現人生自由

　　未來的文盲將是那些沒有知識和不會更新知識的人。成年人被淘汰的最主要原因是學習能力下降。

　　不知從何時起，財富自由這個詞流行起來，人們用它衡量人生的自由度。那麼，什麼是財富自由呢？簡單來說，它是你擁有一定物質基礎而不為金錢發愁，不必因為交房貸、車貸等而不得不被迫去工作，不必因為沒有錢而選擇跟一個自己不喜歡的人生活在一起等。

　　當工作不是生活的唯一手段時，你可以感覺到自由。儘管這種自由是相對的（絕對的自由是不存在的），但是並不影響你感到快樂，這就是一般意義上的**財富自由** [22]。

　　那麼真正意義的財富自由是什麼呢？那就是回歸生活本身，不僅僅讓工作（勞動）、吃飯、睡覺占據大部分時間，還有更高的精神追求。顯然，財富自由是追求各種精神目標的現實基礎，是提升人生價值的重要保證。

　　從經濟學角度看，單身人士的生活成本要比已婚人士更高。因此，如果缺乏必要的物質基礎，無法實現財富自由，那麼單身生活就沒有那麼愜意、自由，更多是一種被迫單身的選擇。

　　然而，獲得財富自由的人並不多。概括起來，主要有兩類，一類是

---

[22]　財富自由是指人無需為生活開銷而努力為錢工作的狀態。簡單地說，一個人的資產產生的被動收入必須至少要等於或超過他的日常開支，如果進入這種狀態，就可以稱之為財富自由。

真正的富豪，身家億萬的人；另一類是小富但消費欲望不高的人。大富之人可以隨意揮灑，享用各種頂級的消費，是一種財富自由；小富之人可以根據自己的合理欲望，買到喜歡的生活必需品，但是因為不買奢侈品，沒有以炫耀為動機的消費，所以也能算是一種財富自由。

對單身人士來說，獲得財富自由必須學會理財，因為只有這樣才能累積財富，才能把本來就不是特別多的薪水累積下來，才能在未來做決定時有更多的選擇，避免因為金錢而束手束腳。

王欣是一個典型的單身貴族，有不錯的工作，有傲人的氣質，可以稱之為白領麗人。她認為生活需要品質，有進又要有出，雖然收入不斐，但是她長期以來過著拮据的日子。

朋友非常羨慕王欣自由自在的生活，但是她心裡最清楚，花錢如流水的背後也有很多無奈。有一次，她跟朋友算了一下自己的日常開銷。

每月肌膚護理 4,500 元，做的只是美容院普通的皮膚護理；每月化妝品和服飾開銷 4,000 元，這還談不上名牌；每月吃飯和坐計程車花費 4,000 元，根本享受不到食文化的過程美、藝術美和浪漫情調；每月花費 2,000 元用於健美健身，只能到普通的健身房活動活動筋骨；每月偶爾泡酒吧，吃點零食，看幾本時尚雜誌，聽聽流行音樂，也要有 2,200 元支出；房租每月 5,000 元，還是與人合租的。

簡單算了一下，就要消耗 2,0000 多元，還算不上高消費。王欣感嘆道，「這僅僅是一個消費底線，每個月的薪資都不夠花，何談積蓄呢！」

一般來說，對生活沒有要求的人不會理財，因為花錢太隨性，猶如閒雲野鶴，飛到哪裡就在哪裡安家，不會規劃自己的人生。不把理財當回事的單身者，大多沒有將人身自由發揮到極致，不是真正的人生贏家。

　　或許有的單身者「善於花錢，也更擅長賺錢」，但是對大多數人來說，如果想充分享受單身的自由和愜意，必須學會理財，讓單身生活更有品質。

　　對眾多單身族來說，房地產無疑是一大筆最大的支出，並可以帶來資產增值的投資。在單身經濟的引領下，小戶型房產需求水漲船高，很多房地商開發出針對單身人士的小戶型，主要面對單身的背包客。今天，很多單身人群對細節的追求可以用「錙銖必較」來形容，市面上還湧現出不少精心布置設計後的單身公寓，讓單身人士可以拎包入住。

　　此外，強調「生活保障」和「風險防範」概念的商業保險，以及以教育養老為核心的理財保險都開始打出單身理財的旗號，還有專門為單身女性訂製的遠期理財計劃等。這些理財產品一經推出，就引起了單身消費者的重視，並吸引了大批目標群體。

　　其實，對於單身人士來說，雖然可以享受單身生活的自由和隨意，但是也應該懂得規劃與理財，可以適當的根據自己的年齡、身體狀態、財務實力做一些投資，適當貯備專項基金，抵禦風險。那麼，單身人士該如何理財呢？

● 養成記帳的習慣

　　在每個月的固定時間，對自己該購買的東西做一次認真仔細的清點，如服裝、日用品等。然後，把它們記在一個專用的本子上，然後去價格適中的市場按計劃進行採購。這樣就不會盲目買東西，同時還能改掉亂花錢的不良習慣。

● 堅持定期存款

自己去銀行開一個應急準備金的帳號,然後每個月拿到薪水後就往裡面存錢。記住,最好是定期存款,免得在消費欲望膨脹時,忍不住把存進去的錢再挖出來。

● 勤儉節約,減少日常開支

日常生活中很多費用是不必要浪費的,這些金額看似不起眼,但長年累月堅持下來,會是一大筆錢。比如,使用一些節能、節水設施,與朋友合租房,盡量在家做菜,都能減少開支。

● 堅持用現金付帳

有些單身人士十分鍾愛信用卡,但反過來看,它也是一種讓人在不知不覺中傾盡所有的消費方式。用卡輕輕一刷就完了,省略了掏錢包、核算消費資金的過程,加大了日常開支。

【經濟學解讀】...

理財是對個人財產或家庭財產的經營過程,良好的理財習慣不僅可以節約開支、增加額外收入,還能在合理消費的基礎上實現真正的財富自由。

單身人士追求財富自由,更大意義是實現生活自由。有了充足的預備資金,能增強抵禦日常生活風險的能力,享受更高品質的生活。

單身明星破產的理由

　　一個人會把一種遙遠的利益當作與現在的利益一樣對他差不多有相同的價值；而另一個人由於想像未來的能力較低，耐心和自制力也較小，對於不是眼前的利益就比較不很關心。

　　在世界各地，明星既是耀眼的公眾人物，也是財富的化身。一旦成為大家眼中的紅人，他們會身價暴漲，個人財富在瞬間倍增。如何管理龐大的個人資產，確實考驗明星的理財能力。

　　研究發現，大多數明星尤其是單身明星都是風險愛好者（Risk lover）。他們面對具有相同預期貨幣價值的投機時，喜歡結果不那麼確定的投機，而不喜歡結果比較確定的投機。也就是說，在理財收益或價值投資方面，單身明星表現出一種賭博的心理。

　　或許，錢來得太容易了，因此他們更能承受投資風險。做為一枚硬幣的另一面，單身明星會瀕臨破產，也就絲毫不奇怪了。

　　聞名全球的拳王泰森，有過 18 年的職業拳擊生涯。期間，他得到了超過 3 億美元的豐厚回報，令世人豔羨不已。然而在 2003 年 8 月，泰森突然宣布破產，超出了許多人的預料。

　　事後記者採訪泰森為什麼會破產？他說：「經紀人騙走了我三分之一的財產；第二任妻子索要高額離婚費，讓我損失慘重；因為各種官司，許多人從我身上揩油，也是一筆不小的開支。」不過，媒體普遍認為，拳王破產的根本原因是平時揮霍無度，不懂得開源節流。

沒結婚之前，花錢大手大腳；結婚後，變得精打細算。顯然，單身人士更缺乏經濟效率[23]。換句話說，如果不善於理財，你當不了單身貴族。因為不懂得控制開支或者投資失誤，那些身價不斐的單身人士瀕臨破產，這樣的情形比比皆是。

2002 年 7 月，香港明星鍾鎮濤申請破產保護，讓許多局外人大跌眼鏡。此時，他與前妻章小蕙已經離婚 3 年。那麼，期間到底發生了什麼，讓這位身價不斐的單身明星走向潰敗呢？

原來，早在 1996 年香港房市炒作回歸概念，房產價格幾乎翻倍。當時，鍾鎮濤從銀行和朋友那裡借到 1.54 億港元，投入到大型豪宅和辦公室專案的炒作。然而世事難料，1997 年爆發了亞洲金融危機，香港股市暴跌，房市也遭遇重挫。

因為當時房產投資使用的是借款，部分貸款利息高達 20%，本金加上利息累積超過 2.5 億港元，大大超出了鍾鎮濤的償還能力。於是，他的房產全部被銀行和債權人強制收回，即便如此還欠下了大筆外債。

明星人物也會犯低階錯誤，如果不懂得合理開支，不善於管理好個人資產，即便是天文數字的財富也會在瞬間化為烏有。做為風險愛好者，單身明星既有獲取巨大財富的便利渠道，又不受家庭的影響和束縛，因此容易在日常開支、理財投資方面失控，乃至走向破產。這似乎印證了一點，他們的財富來也匆匆去也匆匆。

其實，任何人獲取財富的努力都是艱辛的，明星人物也不例外。成名之前的艱苦打拚，以及忍辱負重，往往超出了普通人的想像。或許，成名之後需要揮霍一把，釋放心中積蓄已久的壓力；但是喧囂過後，明

[23] 經濟效率是社會經濟執行效率的簡稱，是指在一定的經濟成本的基礎上所能獲得的經濟收益。用「時間」來衡量經濟效率是錯誤的，「時間」只是經濟成本的一個方面或一部分，而不是經濟成本的全部。

星們更應該理性規劃自己的人生與財富，避免在不確定的未來日子裡轟
然倒下。

● 浪費和揮霍是財富累積的敵人

追求生活品質，這無可厚非。但是揮霍無度、浪費金錢，就不可取
了。當年，泰森身價不斐，生活中的開支也令人咋舌。他在一年時間
裡，手機通訊費就花了23萬美元，辦生日宴會花了41萬美元。有一次，
泰森花100萬英鎊買了一支鑽石金錶，然而戴了一週就送給了保鑣。可
以說，日常生活中動輒十幾萬美元的鉅額花費，這位拳王根本不考慮花
得值不值。

如果揮霍無度，即便有金山銀山也會被挖空。通常，一個人購買奢
侈品的花費，不應該超過年收入的10%；否則，日常開支就會驟減，從
而影響生活品質。從財富累積的角度看，不懂得克制消費，甚至奢侈浪
費，再多資產也會揮霍一空。

● 做出重大理財和投資決策要慎重

理財和投資是保證資產升值的重要措施，這對高淨值明星階層來說
是一項日常功課。做出理財和投資決策之前，一定要考慮到風險，並做
好應對之舉。缺乏基本的理財知識，不懂得管控風險，是許多明星資產
縮水的重要原因。

拳王泰森根本沒有理財意識，把一切事務都交給經紀人打理。而這
位經紀人只知道搜刮財富，結果讓泰森的個人資產被掏空。同理，鍾鎮
濤不考慮個人實際財力，貿然舉債進入高風險的房地產領域，遇到外部

環境驟變，結果一敗塗地。2016 年鬧得沸沸揚揚的王寶強婚姻風波，也涉及到明星人物個人資產如何打理的問題。

【經濟學解讀】...

明星是財富的化身，人氣越旺意味著更大的財富價值。然而花無百日紅，各個領域從來都是一代新人換舊人，趁著過氣之前累積財富而非揮霍財富，才是最精明的選擇。做為風險愛好者，單身明星尤其需要規避財富風險，遠離破產邊緣。

對任何人來說，理財或投資都不能抱著賭博的心態，那樣容易一夜輸光，甚至永遠失去翻身的機會。明星一夜暴富之後，要懂得把雞蛋放在不同的籃子裡，這是實現個人資產保值增值的根本之道。

「月光族」的問題所在

　　不願延遲享樂，以留作將來之用的這種心理，是用累積的財富所生的利息來衡量的，而利息正是為留作將來之用提供了足夠的動力。

　　「月光族」[24] 最早出現在港臺地區，指的是那些每個月都將個人收入花光，並且基本沒有積蓄的人。隨著社會生活水準提高，都市裡這樣的年輕人越來越多，他們有著穩定且較高收入的工作，卻因為生活無計劃、消費能力超前，過著「今朝有酒今朝醉、月月收入月月光」的生活，而不得不成為「月光族」。

　　在「月光族」中，有一部分人是單身人士，他們沒有戀人，也沒有將結婚納入日程，因此消費時更缺乏計劃性。如果這種狀況得不到改善，那麼他們勢必在財務上繼續面臨月月光的巨大風險，讓自己陷入被動或惡性循環。

　　張靜是一位編輯，典型的單身女。除了做好日常工作，她接了許多兼職業務，因此月收入將近一萬元，令人羨慕。然而，她有自己的苦衷：「去年剛買了房子，首付花光了所有積蓄。因為房價高，買房選在了郊區，為了上下班方便又貸款買了車，生活壓力倍增。」

　　的確，除了每個月還房貸、車貸，張靜還要日常開支，以及每個月

---

[24]　月光族（Moonlight），指每月賺的錢還沒到下個月月初就被全部用光、花光的一群人。同時，也用來形容賺錢不多，每月收入僅可以維持每月基本開銷的一類人。「月光族」是相對於努力存點錢的儲蓄族而言的。

給父母一些生活費。現在，她不敢像以前隨意找同伴吃喝玩樂了，聽到同事或朋友結婚、過生日，頭皮都會發麻，因為要給禮金。

生活一下子變得沒有了彈性，甚至不能生病，這種單身生活讓張靜焦頭爛額。「每個月的錢都不夠花，只有我知道自己日子的多麼可憐。」

生活中像張靜初這樣的單身「月光族」還有很多。雖然收入高，甚至買了房和車，但是每個月的收入沒有剩餘，無疑加大了風險，一旦遇到意外情況拿不出足夠的錢會陷入被動。更重要的是，他們手上沒有了剩餘資金，根本無法享受以往單身自由的快樂了，人生變得毫無樂趣可言，這樣的日子簡直是一種煎熬。

對單身貴族來說，保證生活品質，降低人生風險，必須有賴於理財。缺乏應有的風險意識，並且不善於透過理財降低財務壓力和風險，這樣的單身生活方式可以稱之為悲慘。因為缺乏經濟效率，人生也就沒有品質、幸福了。

李斯羽是一個大齡單身女青年，雖然在職場打拚多年，卻沒有存下多少錢。年近 30，生活不經意間跟她開了一場玩笑。去年公司組織體檢，結果檢查出胃部長了一個息肉。此前，李斯羽一直感覺胃不舒服，竟然出了大麻煩。

在不明病理條件下，她去各大醫院深入檢查，花掉了僅有的一些積蓄。李斯羽本來就是一個月光族，此時才感覺到錢是多麼重要。無奈之下，她不得不向朋友借錢，繼續看病。後來，病理出來後，醫生說僅僅是一個普通的息肉，但是需要做手術。後來，在朋友的資助下，她做了手術，術後恢復良好。

經歷了這件事，李斯羽在慶幸感之餘，感慨頗深：「我似乎從鬼門關裡走了一趟，30 年來，不知道生活的意義何在。一個人生活自由自在，

每個月都過著無拘無束的日子，平時隨意購買自己想要的奢侈品，從沒考慮過理財，以前的日子風險太大了。」

這段銘心刻骨的經歷讓李斯羽明白，不能再當一個徹頭徹尾的月光族了，一旦病魔和意外來臨，那是何等的不堪一擊。從此，這個單身姑娘單身的心態，開始規劃理財。有足夠的物質條件支撐單身生活，這樣的日子才有快樂可言。

此後，李斯羽對自己的收入做了一個規劃，學習有計畫地消費。儲蓄、投資、生活花銷等，每一筆錢她都詳細記錄，並堅持在消費中使用現金。過了一年，她存下了一筆資金，又在朋友的建議下做了理財投資，現在已經獲得了豐厚的回報。

「錢到用時方恨少」，很多人都會有這樣的感慨。當四面八方向你伸手要錢，而自己囊中羞澀，苦不堪言，這時覺得可悲可嘆 —— 月光族處處面臨風險。

對單身一族來說，雖然可以享受單身帶來的自由，包括自由支配金錢，但是長期沒有理財規劃，生活處處充滿危機。所以，單身人士應該秉持正確的金錢觀 —— 不做月光族，並提早制定理財計劃。

對很多人來說，灰姑娘的故事僅僅是一個童話。在找到一個富有的男人之前，單身女首先要嘗試做一個富足的女人。做金錢的主人，自由支配個人財富，並確保財富增值，而不是無限制地揮霍金錢。這樣的人才配擁有更美好的未來。

只有善於理財的人才能獲得富足生活，才能擁有安全感，充分享受真正的單身自由。「境隨心轉」的含義大概也是如此，物質上的富足與自由帶來心靈的快樂，讓人生更有效率。

理財要趁早，不能等到生病需要花錢的時候才有所頓悟。對單身人

士來說，沒有物質基礎處處是風險，為了在未來的生活掌握主動權，請增強風險意識，制定理財計劃並確保財務安全。享受單身自由是有條件的，那就是進行科學合理的理財規劃，因為生活經不起一絲的大風大浪。

【經濟學解讀】...

　　風險是指這樣一種狀況，結果是不確定的，但是每個結果的機率是可知或可以猜想的。單身貴族絕對不是月光族，因為遠離財務風險才能實現自由人生。

　　對月光族來說，沒有理財意識，也沒有危機風險意識，這會讓自己陷入十分危險的境地。趁早開啟理財計劃，摘掉月光族的帽子，努力改變的人終究會得到應有的回報。

如何贏過通貨膨脹

經濟分析和一般推論雖然應用很廣，但每一時代和每個國家都有它自己的問題；社會情況每有變化，經濟學說就需要有新的發展。

與 30 年前相比，如今單身人士的薪資翻了很多倍。根據 2015 年公佈的數據，M2 餘額為 124.27 兆元，而 30 年前 CPI 平均不過 4.8%，30 年前的 1 萬元相當於現在的 4.6 萬元。看起來，**通貨膨脹** [25] 好像也沒有那麼厲害，不過才翻了 4 倍多，然而事實卻並非如此。30 年前，萬元戶就是富豪的象徵了，但是今天月收入過萬也不再是什麼風光無限的事情，百萬富翁都不再是一個稀罕詞。同樣的一百元，購買力大不如前，讓人不禁感嘆「錢是越來越不值錢了」。

通貨膨脹嚴重，單身人士如何應對呢？經濟學上講究先動優勢，即由於在博弈中第一個採取行動的局中人所擁有的優勢。正所謂「先下手為強，後下手遭殃」，說的正是這個道理，學會主動出擊、積極應對，才能站住腳跟。

對抗通貨膨脹最好的方法就是購入固定資產，比如房子、黃金。這類商品不會因為通貨膨脹率的變化而有太大的價格起伏，相對來說是比較容易實現增值的投資。其次，單身人士應該根據自己的收入水準和消

---

[25] 通貨膨脹，是指在信用貨幣制度下，流通中的貨幣數量超過經濟實際需要而引起的貨幣貶值和物價水準全面而持續的上漲。通俗地說，就是在一段給定的時間內，給定經濟體中的物價水準普遍持續增長，從而造成貨幣購買力的持續下降。

費水準、未來規劃，做好財富管理，努力跑贏通貨膨脹。

28 歲的趙亮，畢業於科技大學，目前在上海一家金融公司工作。從 22 歲畢業後，六年之內，趙亮實現了薪資跳躍，如今稅後月入 11.1 萬元，已經在上海貸款購置了一套房產。趙亮是電腦專業出身，工作性質導致其沒有太多額外的開銷，而且他是一個比較節儉的人，因此每個月有很大一部分結餘。丟擲每個月 15,000 元的貸款，日常開銷也就 11,000 元，還能剩下 7 萬多元。

「我一個人生活，花銷真的不大。因為平時工作繁忙，我經常加班，所以娛樂休閒活動也很少，每個月的開銷主要就是夥食費和交通、通訊費用。」除了這些開銷之外，趙亮為了進一步提高學歷，又報名了在職研究生，兩年學費 13 萬元，這對趙亮來說也不成問題。

趙亮的父母都在安徽老家，均有工作尚未退休，也不需要他給予資金支援。只是在逢年過節時，趙亮會買些禮物表表心意。此外，趙亮還有一筆較大的開支 —— 保險費用。剛到上海的時候，母親為趙亮投保了一份兩全分紅保險，為此他每年要定期繳納 24,000 元保費。

眾所周知，上海的房價水漲船高，著實嚇人，如果讓一個單身的人貸款買房壓力很大。但是，趙亮很有先見之明，早在 2008 年底剛到上海的時候，就用存下的一筆積蓄在上海貸款買了房。由於當時金融危機對房價影響較大，趙亮「淘」到了一套較為優惠的老舊宿舍，雖然地理位置有些偏，但是單價只要 5.3 萬元。現在，房屋單價已漲到 17 萬餘元，其收益遠超想像。

當時趙亮有兩個選擇，買房或者投資股市。最後，他還是選擇先買房，之後陸陸續續將結餘投在了股市上，但是股市一直保持低迷，基本上賠本了。當時，在金融行業工作的趙亮月薪資收入不斐，考慮做一下個人投資。但是由於剛入金融行業，許多地方摸不到頭腦，所以並未拿

出太多積蓄買股票。如今看來，這真是一個明智的決定，因為就算賠錢也沒有賠太多，而房子卻翻了幾倍。

像趙亮這樣的高薪單身人士越來越多，每個月的固定結餘比較多，所以在投資上需要做好規劃，不能把剩餘的全部積蓄都放在活期帳號上。一般來說，透過短、中、長的投資工具配置，可以提高資產的利用率，增加資產的收益可能，加速資產的累積，抵禦通貨膨脹風險。

除了房產投資，可以透過貨幣市場基金的形式持有，每逢累積到 8 萬元左右，可以投入在個股上。如果積存到 20 萬元、40 萬元，暫時沒有更好的投資工具可選，那麼可以透過持有短期的理財產品，等市場投資機會出現後再考慮如何處置。

對單身年輕人來說，只要先做好最基礎的意外險和重疾險保障，就能後顧無憂。不過，有一個問題不容忽視，現在許多單身人士大多是獨生子女，雖然父母目前不需要他們在經濟上給予照顧，但是考慮到未來，必須充分預估他們的養老問題。因此，為父母購買一份定期壽險，不但可以盡孝心，而且也能未雨綢繆，減輕將來的經濟負擔。

現在保持單身，不代表未來不想結婚，因此在生活層面上要提前做出規劃和考量。單身生活一般沒有壓力，但是隨著年齡增長，步入婚姻殿堂是必然要面對的問題。在高房價面前，如何獲得完美的婚姻，又不增加父母的負擔，確實需要提前做好理財規劃。

【經濟學解讀】

單身人士更需要理財，賺錢和存錢是現階段的重點，風險管理也要納入議事日程。大齡單身男由於具有較長的職業生涯，有較多時間累積財富，這是一種優勢。

　　暫時沒有家庭負擔，讓單身男士承受風險的能力更強大。在投資方向上，可以選擇高風險基金，比如新興市場股票基金，目標在於賺取較高潛在回報，建議採取定投股票型基金的方式迅速累積財富。

單身白領的理財策略

薪資是勞動的報酬，利潤是節欲的報酬。

今天，大城市裡的單身男女越來越多，特別是以 80、90 後為主力軍。他們大多拿著不斐的收入，過著頗為小康的生活，在其他人看來真是瀟灑自在。然而也並非外界想像的那麼美好，單身人士特別是單身白領雖然擁有體面的生活，可是也要做好理財工作，為未來做好打算。

通常情況下，3 到 5 年是一個人生活和事業上的重要轉捩點，可能要面對工作變動、婚姻大事等重要時刻。如果此時忽略了對個人財產的合理規劃，就容易讓未來的生活陷入窘迫的境地。

在現代社會，理財是一門學問，掌握得好，它會幫助你生活無憂，管理不當，可能讓你窮困潦倒。對於初出象牙塔的大學生來說，工作的頭五年是一個逐步學會理財的過程。

美麗大方的李梅從高中畢業後，選擇留在當地發展，最後簽了一家外商做企劃工作。入職第一年，她還未褪去學生的稚氣，面臨的第一筆開銷就是置辦新衣服。並非喜新厭舊，而是看著滿衣櫃的牛仔褲、T恤、卡通連衣裙、小碎花襯衣，李梅選不出一件合適的職業裝。

在公司裡，沒有人穿這種型別的衣服，大家都是職場白領裝扮，套裝套裙高跟鞋，白襯衫沒有一個褶皺，黑色高腰褲看起來是那麼有質感。後來聊天才知道，大家根本不去李梅大學買衣服的那些小店，而是在大商場專櫃掃購。

　　隨後，李梅開始重新置辦服裝。雖然新衣服的價格要比以前高出許多，但是在慢慢摸索中，李梅也開始形成自己的穿衣風格，既然花了錢也提升了自信心。工作第一年，另一筆比較大的開支是孝敬父母。畢竟家人供自己上學這麼多年，如今終於畢業可以賺錢了，自然要給父母買一些合適的衣服、食物等，聊表自己的心意。這樣算下來，第一年參加工作的李梅並沒有什麼存款。

　　入職第二、第三年，李梅在財務上才從容淡定了許多，薪資有了一定提升，花錢也不再那麼拮据。等日常開銷趨於穩定之後，她開始存錢，每個月都會拿出固定一筆錢存起來，然後按計劃使用剩下的錢，主要就是購物、休閒和學習。

　　與第一年不同，現在李梅購物開始追求品質，不再看重數量。以前，她會花 4,000 元買幾個包，但是現在更願意花 8,000 元買一個名牌包包，這樣更有質感也更上等級。休閒投資方面，李梅不再頻繁唱歌、吃自助餐、看電影，開始慢慢培養自己的興趣愛好，比如打羽毛球、健身、游泳、旅行，逐步向健康時尚的休閒活動靠攏。工作兩年之後，李梅發現自己還有很多需要學習的東西，於是拿出一筆錢用於二次學習，進一步提升知識含量。

　　工作第四年，雖然薪資水準有了提高，但是由於前三年開銷較大，李梅並未存下太多錢，而此時已經 27 歲的她開始考慮個人問題了。男大當婚，女大當嫁，現在結婚已經不能完全指望男方承擔一切，所以女生也要積極存錢，提早累積資本，將來在婚姻中贏得主動權。

　　此外，休閒開銷比前兩年也有所提升，出國遊不再是奢望，奢侈品不再是夢想。長期租房的李梅此刻也不再想和別人蝸居在一起，將買房納入計劃。所以，現在李梅除了每個月存一筆固定資產之外，還會尋求

多種理財方式 —— 購買股票、基金，迅速讓錢生錢。

工作第五年是一個坎，在一個平臺適應了既有的工作環境，李梅迎來了發展瓶頸。繼續升職無望，工作基本維持在現有水準，而且個人發展能力似乎也止步不前。看著其他人紛紛跳槽，李梅也開始反思自己。她感到自身工作能力和見識有待提高，如果想在工作上有突破，必須走出去學習更先進的理念，融入更大的發展平臺。

隨後，仍舊保持單身的李梅選擇辭職，毅然出國深造。在國外，她一邊學習一邊打工，結識了很多好友，在與各國青年才俊和知識菁英交流中，發現了新的機會，開啟了新的事業。

對單身人士來說，李梅雖然屬於個例，但是能反應大部分同類人的基本情況。在理財方面，專家給單身白領提出了四大建議。

● 做好風險規劃

天有不測風雲，人有旦夕禍福，生病意外難以預料，所以單身白領要特別重視「醫療險」。由於社保已經基本包括普通疾病的治療費用，因此對於重大疾病的醫療費要寄希望於保險公司，然後再根據個人經濟能力逐步考慮失能險、意外險及防癌險等。

● 堅持合理投資

不要把雞蛋放在一個籃子裡，要學會分散投資。對單身男女來說，為了追求奢侈的生活進行過度消費，不是明智之舉。再次，可以利用P2P 平臺強制儲蓄，為未來提前打算。

● 留足應急準備金

單身白領至少應該拿出六個月的生活費作為應急準備金，這樣可以幫助你解決燃眉之急，避免火燒眉毛的窘境。

● 重視記帳

許多單身白領都有這樣的感覺，不知道錢花到了哪裡去了。為此，可以堅持記帳，每日消費後立刻記錄金額，每晚臨睡前檢視支出圖表，弄清楚什麼地方花多了，什麼地方沒必要花錢，然後合理調整開支計劃。

【經濟學解讀】...

經濟學上有一個術語叫「生產者剩餘」，意思是賣者出售一種物品或服務得到的價格減去賣者最低所能接受的價格。比如，電影公司製作一部電影，票價 30 元能夠獲得穩定的收益，但是消費者願意出 40 塊錢買單，最終電影公司以 40 元的票價將電影推向市場，那麼生產者剩餘就是 10 元。個人理財也是如此，「你不理財，財不理你」，只有做好規劃，留足空間，才能在財務收支上遊刃有餘。

收入提升是增加儲蓄的好機會

收入被看作是包括人類從他們最好地利用自然資源的現在和過去的努力中在任何時間所得到的一切利益在內。

古巴比倫人發現了一個有趣的現象：你的花費總會不斷增長，直到收入沒有盈餘為止。過去，人們的收入遠不如今天高，但是卻也能養活一家五六口人。今天，月收入過萬在大城市也不一定能夠養活自己。這是為什麼呢？

以前薪資水準低，但是消費也低，物質文明遠沒有今天這麼發達，可以集中於購買食品，而沒有其他休閒、娛樂消費。現在不同了，物質文明極大豐富，商品琳瑯滿目，只有你想不到，沒有你買不到。豐富的商品激起了人們的消費欲望，只有手中有閒錢，就想購物。所以，單身人士雖然錢賺得多了，儲蓄卻沒有提高多少。

這種現象涉及一個經濟學原理 —— 收入效應，即由商品的價格變動引起的實際收入水準變動，進而引起商品需求量變動，它表示消費者的效用水準發生變化。具體來說，當你購買一種商品時，如果該商品的價格下降了，對你來說名義貨幣收入是固定不變的，但是價格下降後，你的實際購買力增強了，從而可以買更多。這種實際貨幣收入的提高，會改變消費者對商品的購買量，從而達到更高的效用水準。

有一個方法可以打破這種惡性循環，你可以把每次加薪值的 50% 和常規薪資的 10% 一起存入戶頭，然後委託銀行按期在每月月初匯到帳號

上去。這樣可以有效避免不必要的花銷，並且能夠存下錢來。

　　舉一個簡單的例子，你到市場上買水果，本來想買橘子，但是橘子價格漲了，而蘋果價格沒變，香蕉降價了，此時你會怎麼辦？在降價的香蕉面前，沒漲價的蘋果好像也漲價了，於是你會購買本不在計劃之內的香蕉。結果，錢就是這樣花光的。

　　由此看來，一種物品的價格變化，比如價格降低，對消費者會產生兩種效果：一是商品價格下降，相當於實際收入提高了，你會買更多的商品，從而獲得更多的滿足，經濟學家把這叫做收入效應；二是一種商品價格降低了，而其他商品價格沒變，這時你會感覺其他商品實際價格上升了，所以你會多買價格下降的商品，經濟學家把這叫做替代效應。

　　無論這兩種效應如何發生作用，當一種商品價格下降的時候，購買量都會明顯增加。在這種條件下，無論如何加薪，都會因為產生額外消費而存不下錢。「好鋼用在刀刃上」，錢要用在關鍵處。對單身一族來說，學會理性消費，不需要的東西堅決不買。

　　許多單身男女到了年底就會感嘆，一年忙忙碌碌，本來想著花兩萬塊錢買一個單眼相機，但是看看銀行卡結餘，卻皺起了眉頭。許多人想不明白，每個月都應該有 1,2000 多元的剩餘，為什麼一年之後銀行卡裡還是原來的餘額呢？這是因為沒有合理穩健的理財規劃，收入再高也很難實現財富的累積。

　　單身人士花錢自由，如果缺乏自我約束，很容易財務失控。既充分享受生活，又能合理增加盈餘，顯然離不開日常理財。事實上，每次漲薪資都是增加儲蓄的機會，你可以嚴控消費支出，不因增加收入擴大消費水準，自然容易存下錢。

● 堅持記帳，明白錢花到哪裡了

許多人很少有記帳的習慣，這樣會導致自己不知道收入和支出。不做好詳細的記錄就不知道到底在哪些方面存在非理性消費，找不到問題的根源就沒辦法有效地解決問題，導致「白領白領，月月薪資都白領」的尷尬處境。

● 每個月拿出固定一部分薪資做投資

對自己的收入支配沒有節制，就難以實現有效的財富累積。從下個月開始，把每月的收入先拿出一部分投入理財產品中，以獲得投資收益。同時防止自己當月的衝動消費，建議每月投資 5,000 元，年化收益率 12% 至 15%，非常適合上班族理財。

● 理性消費，不需要的東西堅決不買

網上之前流傳一個段子，「一個成功的男人背後都有一個默默付出的女人，而馬雲背後有千千萬萬瘋狂付出的女人」。花錢大手大腳的人還不以為然，這包平時賣 4 萬，現在七折，買兩個相當於省了 24,000 元，這是許多人的心態。實際上，你超出需求多花了 16,000 元。

面對超市、商場舉辦的促銷減價活動，想做到理性消費的確不容易。但是，該花的錢要花在刀口上，不該花的錢要拿來做投資。從身邊點滴小事做起，「勿以浪費小而為之，勿以投資小而不為」，掌握好理性消費和投資理財的平衡點。

花錢其實並不可怕，但要花在刀刃上。生活中，很多單身男女容易衝動消費，不妨在購物前深呼吸一下，想一想是否必要，三思之後再決

定。此外，不要貪圖小便宜，超市經常用這一招來吸引消費者。殊不知，丟了西瓜揀芝麻，貪小便宜吃大虧。

【經濟學解讀】...

　　每一次漲薪資都是增加儲蓄的機會，不要讓衝動消費把存錢的機會變成消費的理由。因為目前來看，你漲薪資的幅度和速度永遠趕不上物價上漲的速度。因此一定要堅持理財，想要「錢生錢」，必須學會長期堅持。理財就像滾雪球，只有一點一滴地累積，才能早日實現財富夢想。

儲蓄計劃的重要性

一般而論，經濟學是精明而節儉的供應全家一切需要的藝術。……在一家為經濟，在一國則為政治經濟學。

對許多單身年輕人來說，薪資是他們最重要甚至是唯一的收入。想獲得更多財富，提升生活品質，顯然要從薪資開始進行理財，讓每一分錢都變得更有價值。

在經濟學中，儲蓄是指把節約下來或暫時不用的錢或物積存起來，多指把錢存到銀行裡，又稱儲蓄存款。對個人來說，增加儲蓄存款意味著可支配財富越來越多，無論進行消費，還是開展投資計劃，都變得非常容易。

成為單身貴族，實現財富自由，讓生活變得更有品味，無疑要列出自己的存錢計劃，透過積少成多有更多存款。而後開展其他投資理財專案，才能實現個人財富翻倍。那些做好儲蓄的人，隨著薪資水準提高，一段時間以後會累積一大筆可支配收入，在家庭資產方面把同齡人遠遠甩在後面。

曹斌已經朝著 30 歲邁進了，仍然保持單身。父母一再催兒子找女朋友，遲遲不見動靜。這一天，他們拿出了 100 萬元積蓄，對曹斌說：「你既然不著急結婚，那先買一套房子吧！我們支援你 100 萬元，你也把自己的積蓄拿出來。買了房子，以後結婚就容易。」

然而，讓曹斌啞口無言的是，他的銀行帳號裡的儲蓄，超不過 8 萬

元。已經上班 5 年了，竟然沒存下多少錢，曹斌也很困惑。父母是普通職工，收入也不多，但是他們不僅把家中收拾得井井有條，還存下了不少積蓄。而自己薪資逐年增加，可是存不下錢。

後來，曹斌自己想了一下，發現周圍的同事、朋友都比自己強。雖然大家收入差不多，但是身邊人都能節省開支，幾年下來存了一筆錢。甚至有幾個朋友用存下來的錢投資買房、炒基金，實現了財富翻倍。

說到底，沒有存款是最大問題，做什麼都無法下手，這讓曹斌處處陷入被動。原因在於，他平時開支大，經常與朋友喝酒聚餐，頻繁更換手機、高級相機，甚至借給朋友錢。不會精打細算，少了嚴格的儲蓄計劃，最後能存下錢的可能性就很小了。

錢越來越難賺，物價卻一路飛漲，不會存錢的人無法贏得未來。許多人在心裡默唸了無數遍，每個月一定要儲蓄多少錢，但是始終堅持不下來。一旦決心存錢，沒有儲蓄計劃是不行的。儲蓄並不會一步到位，財富也不會瞬間累積起來，制定儲蓄計劃有助於你逐步踏上理財之路，讓日常消費減少後顧之憂。

● 選擇高利率的存錢方式

儲蓄最大的優勢在於風險小、期限靈活、簡單方便，按存款期限不同分為活期儲蓄、定期儲蓄，而定期儲蓄又分為整存整取、零存整取、整存零取、存本取息等類型。需要注意的是，儲蓄並不是把錢存到銀行那麼簡單，顯然定期存款會讓你獲得更多的收益。此外，每個銀行在不同時期的利率也不同。選擇高利率的銀行幫你存錢，會得到更多利息。

除了把錢存在銀行，今天網際網路金融的快速發展也為單身族提供了許多個性化的儲蓄和理財方案。選擇風險較小、收益穩健的保本型理

財產品，無疑更能幫助你增加收入。通常，可以根據資金量的不同，選擇兩三個產品投入即可。

● 每個月一定要有存款

單身年輕人收入低，日常開支大，並且還要面臨換工作等風險，因此萬萬不可成為月光族，一定堅持每個月都適當存點錢。只要不間斷地存錢，每個月雷打不動地把一部分錢存到固定帳號裡，就能聚沙成塔，一段時間以後累積一筆不斐的資金。

需要注意的是，這筆存款不能列入日常開銷計劃，即使手上沒錢花了也不能動 —— 要麼等到下個月發薪資的時候，要麼找臨時兼職臨時增加收入。熬過這樣的日子很煎熬，但是只要你堅持下來，過了早期辛苦存錢的日子，以後就能苦盡甘來，就能透過投資性理財獲取更高的收益。

● 先把錢存起來再消費

單身人士堅持每個月存錢，並非拒絕消費，而是在合理消費的基礎上增加儲蓄，為將來打下堅實的基礎。通常，月底或月初拿到薪資以後，一定要先把錢存起來再消費，千萬不能將每個月的薪資快花完的時候才想到存錢。也就是說，每個月的收入先用於存款，再用於消費，盡量減少不必要的開支。

收入少、存款少的時候，要堅持理性消費、合理消費。對年輕的單身人士來說，在基本的生活開銷外要盡量減少不必要的開銷，把省下來的錢用於存款，才能提早累積起充裕的資金，進行更高層次的理財專案。

● 把可有可無的待購商品列一個清單

消費主義 [26] 盛行，帶給人暢快的購物體驗，也透支了更多資金。年輕人自控能力差，更容易購買一些用途不大或並不迫切需要的商品。比如，遇到商品打折，人們往往抱著「不買就虧了」的心態花冤枉錢，增加不必要的開支。顯然，這對增加儲蓄來說是一種嚴重浪費。

為此，單身人士可以把可買可不買的商品列一個清單，在購物之前將它們堅決排除在外。可能剛開始你還感覺很遺憾，但是時間長了就會習慣這種消費理念，最重要的是省下來一大筆錢，讓儲蓄額大幅增加了。

【經濟學解讀】...

儲蓄並不是一件容易的事，需要具備頑強的毅力和徹底的執行力。準備存錢的時候，當務之急是為自己制定一份儲蓄計劃，越詳細越好，並且嚴格地執行，這樣才能累積資金。

剛畢業的單身年輕人一般收入較低，朋友、同學也多，經常參加各種聚會，然而開支大不是拒絕儲蓄的理由。從零開始，慢慢養成存錢的習慣，手上的資金只增不減，你會對自己的儲蓄能力感到驚喜。

今天，各種購物網站名目繁多，競爭十分激烈，各種打折活動層出不窮，單身人士可以根據需要選擇網上購物，不但節省了消費支出，還省去了逛街的時間和精力，何樂而不為！

---

[26] 市場經濟社會中普遍流行的一種社會價值觀現象，是指導和調節人們在消費方面的行動和關係的原則、思想、願望、情緒及相應的實踐的總稱。其主要原則是追求體面的消費，渴求無節制的物質享受和消遣，並把這些當作生活的目的和人生的價值。

分散風險的養老計畫

金錢完全可能是用於高尚目的的一種手段。

單身是一種選擇，有的人喜歡單身生活的自由，甚至把它作為終生的生活方式。在養兒防老的傳統社會中，大齡單身人士無疑面臨著巨大的養老風險。當然，這種風險並非不可控。透過多樣化理財規劃來避免將來潛在的風險，這在經濟學上被稱為可分散風險。

生活中，有一部分單身者非常享受不婚的日子，他們將個人收入大部分花費到讀書、旅行、交友等愛好上，同時累積了一定的資產。什麼時候結婚，對他們來說是個未知數。為了確保生活品質，以及應對未來可能出現的風險，大齡單身者尤其需要做好理財規劃，提早安排養老 [27] 計劃。

38 歲的王凱快到不惑之年了，他仍然沒有找到合適的「另一半」，並且短時間內也沒有結婚的打算。雖然這種自在逍遙的日子令人羨慕，但是確實到了安排養老計劃的時候。人過中年，人體健康會面臨著許多不可控的風險，單身人士更應早作打算。

王凱在一所大學畢業後，進入一家出版公司上班，月收入 4 萬元左右，平時不用天天坐班，比較清閒。因為時間自由，他經常利用業餘時間寫稿，現在已經成為幾家傳媒的簽約作者。這部分額外收入平均每月20,000 元。

---

[27] 原為一種古代的禮制，擇取年老而賢能的人，按時供給酒食，並加以禮敬。第二個意思是年老在家休養，現在的養老政策多是這個意思。第三個意思是扶養年老而不能自給的人。

對王凱來說，每月的支出主要包括：房貸 20,000 元，日常生活開銷 15,000 元。此外，他每個月至少要參加一到兩次「驢友」組織的登山活動，需要購買相應的裝備。年度收支方面，王凱年底會有 8 萬元的獎金，每年有 8 萬元的旅行支出。雖然父母都有退休薪資，但是王凱每年也要給他們大約 4 萬元的生活費用。

在家庭資產方面，王凱有現金以及存款 120 萬元，幾年前購買了一套住房，目前市值約 1,600 萬元。尚未歸還的銀行貸款有 880 萬元。家庭資產淨值 720 萬元。

對於結婚這件事，王凱始終抱著隨緣的態度。他不拒絕婚姻，也不是執意要單身，只是緣分未到而已。對於他這樣大齡單身人士，一個現實而重要的問題就是將來如何養老。為了將來退休後仍然保持現在的生活品質，王凱找到一位做理財師的好朋友，讓他給出了科學合理的建議。這讓單身生活變得更有保障了。

今天，理財已經成為確保生活品質、增加財產收益、防範意外風險的必要手段。對大齡單身人士來說，透過理財做好養老規劃獲得自由幸福生活的保障。學習並掌握養老規劃，做好理財計劃，能有效應對未來可能終身的單身生活。

● 提早、科學籌劃養老金

無論是單身人士還是已婚人士，都要面對養老金的問題。今天，「養兒防老」的觀念已經不合時宜，在生活成本高、壓力大的社會中，只有提早做好養老金籌備，將來才無後顧之憂。

比如，劉先生每月剩餘 8,000 元，可以拿出 4,000 元做一個基金定投。如果以 20 年後退休計算，並充分考慮期間的複利效應，那麼保守估

算年收益為 8%，退休時收益可以累計 48 萬元。此外，還可以投資 40 萬元平衡基金，假設收益率為 8%，20 年後可以得到 186.4 萬元。這些收益可以在一定程度上應對養老需求。

● 透過商業保險加強風險管理

對於大齡單身人士來說，一方面缺乏兩人世界的家庭生活保障，另一方面還有房貸等長期債務，特別需要透過購買額外的保障降低風險。除了購買意外險，還要重視因為意外引起的門診醫療費用。也就是說，意外傷害保險、意外傷害醫療並舉，才能將保障做到位，在生活中更安心。如果一個人喜歡旅行或經常出差，那麼航空意外、火車意外、輪船意外都要考慮進去，做好意外生命保障。

在健康保障方面，除了社保還遠遠不夠，大齡單身人士應該購買一些商業保險作為補充。比如，社會保險解決不了生病期間的誤工費用，也解決不了自費藥的問題。如果當事人收入前景看好，可以考慮購買一份萬能型理財保險產品，既有穩定的收益，又能獲得健康與養老保障。

● 努力增加投資收益

應對將來的養老問題，充裕的資金是解決一切問題的關鍵。因此，大齡單身人士要注重增加投資收益，以備不時之需。在投資組合中，銀行存款不應占較高的比重，因為這種投資安全性高而收益偏低。在兼顧風險和收益的基礎上，增加合理的投資才是明智之舉。

首先，調整現有的投資結構，以家庭半年的生活支出為限，建議把活期存款降到最小的比例，作為應急之用。然後，將手頭的資金拿出三

分之一投資銀行理財產品，期限應控制在 2 年內。需要注意的是，這筆投資要選擇比較穩健的銀行理財產品，放棄盲目追求較高收益。另外三分之二的資金可以投資基金，在基金種類上做到配置齊全。

【經濟學解讀】．．．

　　「可分散風險」又稱「非系統風險」、「非市場風險」，對大齡單身人士來說，不結婚未必意味著將來無法養老，只要做好提前規劃就能安度晚年。

　　單身者不必憂慮面對年老以後的淒涼結局，懂得理財規劃與養老計劃，持續增加個人收入，將未來潛在的養老風險分散開，就容易讓每天的生活過得很充實，直到年老的時候。

　　對那些選擇終生單身的人士來說，雖然少了憂心後代的煩惱，但是仍然要面對父母的養老問題。隨著醫療水準提高、人均壽命增加，充分考慮給父母提供經濟補償或者購買商業保險就顯得很有必要了。

第六章

透過消費實現個人價值的提升

　　今天的單身人士通常會擁有更多和日益增長的可支配收入，並且傾向於關注自我和把錢花在自己身上。根據心理學家馬斯洛的「需求層次理論」，金字塔的頂端是自我實現需求，單身人士在消費中的種種選擇，無一不是在實現個人價值最大化。

單身族的自我投資

　　天上不會掉餡餅，企業家也不可能大發慈悲，工人薪資的增長，只能來源於人對自身的投資，從而使素養提高，勞動效率大大改進。

　　「21 世紀什麼最值錢 —— 人才！」雖然這只是電影《天下無賊》中的一句臺詞，卻真實地反映了當下社會對人才的需求，對知識的尊重。今天，人們已經遠遠不能滿足於學校書本上教授的知識，而是將目光投向更多求知領域，希望多方面、更高層次地發展自我。

　　在經濟全球化和服務國際化的時代，教育培訓行業儼然成為了 21 世紀的朝陽產業。

　　單身人群正成為教育培訓的龐大消費群，主要是價值投資理念作用的結果。價值投資理論創立者葛拉漢[28] 說：「我的聲譽 —— 無論是一直以來的，還是最近被賦予的，似乎全都與「價值」這個概念有關。但是，我事實上真正感興趣的僅僅是其中用直觀而且確鑿的方式呈現的那一部分，從盈利能力開始，到資產負債為止……我從來不放在心上。最重要的是，我面向過去，背對未來，從來不做預測。」

　　在所有投資領域中，單身人士越來越意識到，只有投資自我，讓自己變得更有價值才是最划算的買賣。活到老、學到老，終身學習的觀念

---

[28]　葛拉漢（Benjamin Graham）是猶太人的後裔，1894 年 5 月 8 日誕生在英國多霧的倫敦，剛滿一週歲的時候舉家飄洋過海來到美國。1934 年，他與大衛·陶德（David Dodd）合著的《有價證券分析》一書問世，奠定了其「財務分析之父」的地位。

開始流行。時代變化太快，生活節奏加劇，稍微一個不留神，就有可能被時代拋棄。與已婚人士相比，單身男女擁有更多的可支配時間，沒有太多負擔，正是提升自己的絕佳時期。

高欣之前有一個男朋友，彼此很恩愛。男友很會照顧人，對高欣無微不至，而且他很聰明，基本能幫高欣解決生活、工作中的許多問題。可是，男友的父母不同意這門婚事，於是兩個人最後選擇了分手。

那段日子，高欣整天沉浸在失戀的痛苦中，甚至丟掉了工作，完全由父母照顧。兩年後，高欣才從失戀中走出來，決定重新開始，好好生活，努力工作。但是，此時她才發現自己已經變成了一個適應力極差的人。不但生活自理能力不強，而且工作能力也沒有鍛鍊出來。因為沒有一技之長，高欣在找工作的過程中頻頻碰壁，飽受打擊。

那段日子，高欣把自己關在家中，直到發現姪女每週六都去補習，才忽然有了繼續學習的念頭。「我現在一個人，什麼事情都不做，而且還這麼年輕，為什麼不趁這個機會學點東西呢？」有了這個想法之後，她報了一個插花班，這是她一直以來的夢想，但以前只顧戀愛完全沒有學習的動力。

經過三個月的學習，高欣掌握了插花的技巧，而且更重要的是，她漸漸在學習的過程中變得心性平和了，對自己有了新的認識。恬靜的高欣很適合這種充滿藝術性的工作，於是在家人的資助下開了一家花店。雖然店面不大，但是她對生活充滿了信心，整個人的氣質都變了，重現以往的自信和開朗。

一次培訓就可能改變你的生活軌跡，這不是危言聳聽，而是真實案例。人生需要不斷充電，只有不斷豐富自己，才能內心不空虛、不徬徨。單身男女有充裕的時間和資金學習新知識、新技能，把握行業趨

勢，提升自身的前途。

年輕的時候對許多事物感到新奇，瘋狂體驗、消費，但是到了一定年紀，就應該理性規劃未來的人生，注重提升自己的專業能力與素養。只有這樣，才能獲得更多發展機會，也容易在將來某個時刻遇到對的人，完美牽手。

小麗是一位已婚媽媽，婚前是一名公司會計。婚後，為了照顧孩子和家庭，她選擇退居幕後，做起了全職太太。每天，小麗都早早起來給孩子和丈夫準備好早餐，然後做家務。4 歲的孩子還報了很多才藝班，她也要負責接送、陪同；回到家又要做飯洗衣，一直忙到深夜才能安穩睡覺。

每當聽說哪個大學同學又升職加薪了，小麗就會心有不甘。上大學時，她也是一名優秀學生，當初在公司很受器重，如果一直工作，現在肯定已經是部門主管了。於是，小麗想重新開始工作，但是發現已經無法適應新業務了。事實上，會計工作本身就需要不斷學習。怎麼辦？小麗準備報一個培訓班，但是家務太多，她分身乏術，最終只好作罷。

學習是時代的必然要求，不學習的人終究會被社會淘汰。單身人士有更多自由時間，尤其需要制定科學的人生規劃，清楚地知道自己需要什麼，能夠做什麼。有的人糾結於在學習培訓上花了錢，卻沒有太大用處；有的女孩認為還不如找一個有錢的老公，安安穩穩地過一輩子。忽視自身價值投資，這是一個非常可怕的事情。

在某種意義上，愛情是一種價值交換。沒有人會蠢到花高價買一瓶假的香奈兒五號，同樣沒有好男人甘願無條件地愛一個廉價的女人。把金錢和精力投資在個人能力和品味形象上，不僅會幫助你在事業上贏得一席之地，也會在愛情中幫助你覓得如意郎君。

現實很冷酷，也很公平，你付出什麼就能得到什麼。有人投資股票，有人投資房產，而最划算的投資是投資自己。單身男女必須拯救自我，對自己進行價值投資 —— 參加各種培訓，投資健康、投資美貌、投資文化品味、投資大腦。終有一天，你所投入的財富和時間，會以對等的價值回饋，甚至得到源源不斷的回報。

【經濟學解讀】...

為了獲得收益，前期一定要做投資。單身男女獲得長足發展，必須聚焦針對自我的價值投資。讓個人價值最大化，需要精細的安排，認真地學習，讓每一筆錢都能在將來更大的收益。在個人身上做的任何一筆投資都是必要且值得的，單身一族面臨更大的生存壓力，激烈的市場競爭，因此他們熱衷參加各種培訓就成為理性選擇。

單身女性喜歡美容、健身的原因

我們的晚餐並非來自屠宰商、釀酒師和麵包師的恩惠，而是來自他們對自身利益的關切。

許多單身女收入高，是商家最理想的顧客。與其他階層相比，她們更有花錢的激情和衝動，只要東西夠時髦、夠有趣，就會一擲千金。與男性相比，單身女性更願意消費，並且更喜歡把錢花在美容、健身上面。

人生有三筆投資，不可不花，一是投資教育，幫助你掌握未來賺錢的本領；二是投資容貌，因為今天是一個看臉的時代；三是投資健康，因為無論何時身體都是革命的本錢。三項之中，女性尤其愛後兩項，在這兩方面的投資可謂是大手筆。

女生的容貌並非保值產品，而是隨著時間的流逝貶值。為了保持容顏不老，自古以來女性就做著努力。早在先秦時期，就有女子丹砂塗紅的記載；至唐宋時期，女性著妝已不再是什麼稀奇玩意兒了，「濃妝淡抹」、「胭脂色澤」、「薰香四溢」等成為了女性使用化妝品做好的佐證。到了今天，美容護膚更是和女性朋友如影隨形，無論上班、下班、路上、車裡、商場、餐廳，女人都在追求以精緻的面容出現在眾人眼前。

為何女性這麼愛美？究其原因有兩方面，一是主觀上天生皆有愛美之心，每個人都有嚮往美好事物的心情。其二是社會的現實需要——在求職、求學、找對象方面，女性的容貌占據著重要位置。對於這一點，恐怕沒有人反對。

今天，有才有學識有能力的人很多，如何讓別人一下子看到你、記住你，是一門學問。與學識相比，你給外界最直觀的印象就是面容，它是幫助你吸引住注意力的工具。然後，才會注意你的說話能力、脾氣秉性，以及是否具備真才實學。當美貌成為一種資源，變得極具價值，單身女性在美容方面投資自我，就變得很好理解了。

一家公關公司應徵專員，小李和小劉都是應徵人員。小李品學兼優，在學校能力出眾。小劉學習傳媒專業，在學校參加過很多實習。

單從能力上來看，兩個人都很有實力，似乎小李更有優勢。但是在當天短短一個小時的面試中，最終順利晉級的卻是小劉。原因何在？問題就出在外部形象上。

小李中等身材，樣貌不算出眾，微微泛紅的皮膚上還有幾顆針眼，長長的頭髮隨意紮成一個馬尾，穿了一身看上去沒什麼質感的套裝，配了一雙平底鞋。而小劉樣貌也很普通，卻化了一個精緻的淡妝，把頭髮紮成一個高馬尾，不留一絲亂髮，身穿白色襯衫配黑色束腰短裙，一雙帶有藍色配飾的高跟鞋和襯衫的領結相得益彰。

試問，當這兩個人同時出現在面試官面前，當兩人的能力看不太出差別時，誰會面試成功呢？答案不言自明。也許，小李在工作中能力更強，但是那不能被面試官在第一眼看出。在同等條件下，任何人都會選擇更加賞心悅目的競聘者。現在，越來越多的女性意識到這一點，所以才在個人容貌上加大投資。

愛好健身，似乎是男生的專利，但是現在越來越多的女生也加入到健身大潮中來。身體是革命的本錢，有了健康的身體才能容光煥發、幹勁十足。經常健身的人，精神面貌超過常人，個人心智也積極向上。對許多單身人士來說，健身成了一種必不可少的生活態度。

　　研究發現，健身不但可以防治疾病，增強體質，還能夠維護個人心理健康。哈佛大學的研究發現：精神憂鬱症患者經過 10 周的肌力鍛鍊，與通常使用的心理諮商方法相比，能顯著減少臨床出現的各種憂鬱症狀。經常從事力量訓練的人會有這樣的感受：透過肌力訓練，不僅增強了自信心，提高了處理各種事物的能力，而且心情也變得像風一樣飄然自在。

　　還記得之前被網友嘲笑的女藝人嗎？沉寂幾年之後，她突然靠一張馬甲線的健身照片再次走紅，並且獲得網友一致好評，再次迎來事業上升期。單身是一個人最好的增值期，保持健康、充沛的身體，整個人都積極向上，不會錯失每一次成長機會。

　　今天，健身已經成為一種潮流，它對個人身形的塑造和氣質的提升，都有很大幫助。更重要的是，你可以透過健身拓展朋友圈，認識更多有趣有品味的朋友，與這個時代共進退。

【經濟學解讀】...

　　經濟學中有資產保值增值一說，保值即保持保證原有的價值，增值即指在保持保證原有價值的基礎上又有新的價值增加。單身人士越來越意識到個人保值增值的意義。

　　把眼光放在別人身上，越活越為別人活著，越活越不自信。反之，把錢用來投資自我，會讓美麗常駐，讓氣質更出眾，而這就是商機，這就是盈利點。

單身者的社交活動

　　一個人只要領略過愛情的純真喜悅，那麼，不論他在精神和智力生活中得到過多麼巨大的樂趣，恐怕他都會將自己的愛情經歷看作一生旅程中最為璀璨耀眼的一個點。

　　社會在進步，女性地位的改變最為明顯。歷史上，女性被看做是男人的附庸，被作為傳宗接代的工具束縛在家中，幾乎沒有社交、沒有朋友。對她們來說，在家相夫教子就是人生唯一重要的事情。

　　在現代社會，女性觀念發生天翻地覆的改變。今天的單身女性有自己的工作、事業、收入，經濟上獨立，人格上獨立，不受男人的束縛，有強烈的自我支配意識。她們對生活有更高的要求，興趣廣泛，熱愛社交。

　　單身，不代表任何時間地點都是獨自一人；相反，比起已婚人士，單身一族更有熱鬧的自由。在家帶孩子的家庭主婦很難抽出時間參加一次派對，即便是簡單的同學小聚也並非完全能隨自己心意。而單身的人就不一樣了，他們擁有更大的時間支配權，完全沒有後顧之憂。

　　英國《每日郵報》[29]對多位專家進行採訪，向眾人解釋了為何人們熱衷聚會的原因。英國雷丁大學研究人員說，從進化角度看，跳舞曾是人類祖先與他人建立聯繫的一種方式。很久以前，人類透過跳舞吸引配

---

[29]　《每日郵報》（*Daily Mail*）由英國現代新聞創始人北岩爵士在 1896 年創辦，被認為是英國現代資產階級報業的開端。

偶，那些身體協調性好、運動能力強的人往往具有一定優勢。

對現代舞者的 DNA 檢測也顯示，這些人體內均攜帶與良好社交技巧有關的基因。英國牛津大學人類學家科恩說，類似聚會這樣的集體活動還能讓人產生新奇與快感、提升凝聚力。因此集體健身、冒險等活動都會讓人上癮，欲罷不能。另外，與他人一起健身還會降低人身體上的痛苦感。

相比已婚人士，聚會更是單身者的天堂。單身的人對聚會的熱衷程度更甚，主要有兩種型別，一是典型的單身派對，又稱聯誼，是為了那些自己找不到配偶或交往對象的人所舉辦的活動。比如，牽緣網組織的單身男女交友旅遊活動。有許多單身男女參加這種派對，希望尋找到合適的伴侶。

2017 年 4 月的一個週末，某酒店裡聚集了上千位單身年輕人。讓參與者在四個小時內見識更多的異性，從而有助於開啟緣分的大門。

這場盛大的單身派對究竟有多受歡迎？從到場的單身同學的著裝上就能看出，女生盛裝出席，有的還穿上了晚禮服，而男生則基本上穿著襯衫西裝，看上去好像來到了應徵會現場。這裡既有在校大學生，也有畢業後仍然單身的碩博生，還有人特地從幾十公裡外的郊區分校坐車趕來。

派對為單身朋友設定了許多增進關係的小遊戲，大家玩得不亦樂乎。「我是個性格內向的人，沒有想到面對陌生人，我竟然這麼能說！」現場一位女大學生難掩興奮之情。

「不想再做『齊天大剩』，我選擇主動出擊，再不主動一些，我的危機就越來越大了。」一位在讀研究生說，自己到了適婚年齡，父母開始催，自己也有些著急，但是學業和找工作讓人團團轉。單身派對很適合這些沒時間談戀愛的人，從而可以高效率地尋找對象。

　　除了這類為單身男女解決伴侶問題的派對之外，還有一類單身派對也深受單身人士歡迎，就是各種純粹為了開心放鬆的聚會。瀟灑自由、無拘無束是許多單身男女選擇單身的理由，而與更多年輕朋友相聚，也是尋找快樂的有效方式。

　　28 歲的佳明是一家公司的部門主管，他很享受下班後與同事聚在一起的時光，大家喝喝酒、唱唱歌，其樂無窮。有時候，他會邀請朋友和同事到家裡開派對，大家在一起談談最近看了什麼書、什麼電影，生活中遇見了什麼趣事。年輕人在歡樂的氣氛中度過一個美妙的週末，這可不是已婚人士能夠享受的。

　　「我喜歡參加各種聚會，因為在這裡能夠認識到更多有趣的人，並且還能夠增長自己的見識，這不失為一個提升自我的好機會。」很多單身人參加聚會，實際上是在給自己充電。越來越多的單身人士認為，與其宅在家裡看無聊的肥皂劇，不如出去參加聚會，努力開拓眼界。

　　越來越多的單身人士熱衷參加聚會派對，這就是商機。經濟學上有一理論規模收益遞增，是指某一產品或行業的淨收益的增長速度，超過其生產規模的擴大速度的現象或狀態。當能容納五六個人、十幾個人的派對已經不能滿足單身人的需要時，就需要擴大生產規模，用更專業化的員工、專業的技術裝置去運轉派對，才能夠保證規模效益。

【經濟學解讀】...

　　規模經濟，是由於生產規模的擴大而導致長期平均成本下降。如何最大程度上實現規模經濟遞增，這其中影響因素有勞動分工，專業化，技術等。當規模擴大，生產會更加合理分工，更加專業化，會提高勞動生產率，控制成本，提高產量，確保收益增加。

在一些行業上，規模經濟是很重要的一種降低成本、擴大利潤的發展方式。單身一族是巨大的群體，代表龐大的市場，他們對於派對的需求很大，此時正是發展規模經濟的好時機。

需求造就玩具、寵物商店的熱門

讓我們幾乎回到原始人民的觀點，他們主要是關心希望得到的東西的生產，以及這些東西的直接用途，而很少注意交換和買賣。

與已婚人士相比，單身男女為失衡的心靈找回心理平衡的投資更多。單身男女的感情和事業更容易出現失衡狀態，這時他們需要看心理醫生、找朋友傾訴、買玩具狗熊或者養寵物。在工作中，單身一族承擔著很大的壓力，回到家中渴望能夠有人陪伴。這個「人」不一定是具體的人，可以是一個玩偶，或者是一隻可愛的蝴蝶犬，他們都可以成為單身者傾訴苦楚、分享快樂的對象。

在日本，單身人士與獨居老人在不斷增長，與此同時興起了養貓的熱潮。寵物店的幼貓價格 3 年內大漲 6 成，可見寵物貓有多麼廣受單身人士歡迎。這一流行文化甚至引發了「貓咪經濟學」，電視廣告和 Youtube 等影片有大量萌萌的貓咪，猶如明星般受人追捧。其中，一些高顏值甚至獲過獎的幼貓身價大漲，稀有品種甚至能賣到百萬日幣以上。

事實上，日本以貓為主題的文化創意產品歷史悠久，哆啦 A 夢、Hello Kitty 和招財貓都耳熟能詳。根據統計，2015 至 2016 年貓做主角的電視廣告增加了 1.5 倍。2015 年，日本人在貓身上的花費約為 1.1 兆億日元，而日本飼養貓咪的數量還在不斷增加。

以前常有人將狗與貶義詞聯繫在一起，今天狗狗卻成為了炙手可熱的大明星，越來越多的人飼養寵物狗，甚至根本不將其當作動物，而是

當作朋友、子女來對待。這聽起來似乎很荒謬，但的確是當下單身人士的生活理念和方式。

黃燦是一名平面模特兒，平時喜歡旅遊、運動，尤其喜歡狗狗。家中養了一隻貴賓犬，名叫佳佳，2歲多，一出生就住在這名平面模特兒家中了。每個星期，黃燦都要帶著佳佳去寵物店洗澡，甚至還會洗 SPA。

平時，黃燦給佳佳吃的都是高級狗糧，零食、鈣片、美毛粉。對這些狗狗需要的物品，黃燦甚至會透過代購的方式從國外花高價購入。此外，佳佳還有狗尿布，價格和嬰兒紙尿布相差無幾。這樣算下來，黃燦每個月在寵物狗身上的花費超過了 16,000 塊。這個數據也許讓人驚嘆，但是在寵物愛好者眼裡不算什麼。

單身人士養寵物是為了填補內心的空虛，需要寵物像家人一樣陪伴子女左右。為此，他們給予寵物尊貴的享受，甚至超越了對待朋友的待遇。寵物要洗澡，要美容，也要穿衣服。黃燦的寵物狗就有屬於自己的小衣櫃，裡面滿滿地裝著幾十件衣服，有一些還是從國外訂製的「親子」裝。

更有甚者，還會給家中狗狗僱保母。每當主人不在家出差在外時，狗狗就會交給專人保母照看。保母還必須專業，懂得狗狗的生活習性，要有愛心，通常這樣的保母薪資還遠高於普通保母。

養寵物的理由有很多，單身男女大多希望把寵物當作一個很好的溝通橋梁，透過寵物可以認識更多的人。許多單身人士渴望有另一半，而如何尋找到合適的人是一個難題。通常男生都會喜歡有愛心、溫柔的女生，而養寵物是一個有效的判斷方式。在許多女生看來，願意養寵物的男生通常有愛心和耐心，並且小動物會成為兩個人之間感情的紐帶。在緣分未到之前，至少還有一條忠心的狗相伴左右，牠們能幫主人脫單。

　　除了對寵物有如此痴迷之外，單身人士也鍾愛收集玩偶。普普通通的小玩偶在他們眼中就是一個個有生命的小傢伙，是主任心靈的寄託，是孤獨時最忠誠的夥伴。

　　小吳獨自一人到外地上大學，畢業之後又到大城市工作。背井離鄉，遠離父母朋友，讓小吳感到很孤單。上大學的時候，媽媽給她買了一個 Hello Kitty 玩偶，想家的時候就抱抱它，希望能夠陪伴遠在他鄉的小吳。

　　從那以後，小吳就愛上了粉粉嫩嫩的 Hello Kitty。各式各樣的相關物品擺滿了臥室，包括 Hello Kitty 的電器、裝飾品、家具、包包、衣服等。也許很多人不理解小吳這種近乎瘋狂的收集愛好，但是她最能體會 Hello Kitty 帶來的快樂。

　　研究顯示，有寵物的陪伴，人的睡眠品質會得到極大提升。一名喪偶獨居的單身女性表示，當小狗睡在腳邊時，她覺得更加滿足。

　　隨著單身人士對寵物和玩具的喜愛，寵物店和玩具店生意也變得異常火紅，這就是經濟學上所說的需求定律。在其他因素（非價格因素）不變的條件下，商品的價格和需求量之間反向變動的關係，即價格越高。需求量越大，價格越高，需求量越低。

【經濟學解讀】

　　單身經濟市場帶來巨大的消費人群，當你想要穩固這批人群，並且開闢新的消費市場時，就要控制好產品的價格，只有合理的價格，才會刺激更大的需求量。單身的人對於寵物和玩具的需求就在那裡，如何將其注意力吸引到你的產品上，價格是致勝法寶。

選擇買車或是買房背後的動機

人類所能生產和消費的只是效用，而不是物質本身。

外國媒體分析，選擇結婚的人在減少，原因有人口老齡化、獨生子女政策，也和受教育女性群體的不斷壯大有直接關係。女性接受教育越高，對婚姻的渴望就會越低，婚姻這座圍城不再是她們獲得安全感的唯一途徑，而是有了特定的生活追求。

波伏娃 [30] 曾經說過：「男人極大的幸運在於，他不論在成年還是在小時候，必須踏上一條極為艱苦的道路，不過這是一條可靠的道路；女人的不幸則在於被幾乎不可抗拒的誘惑包圍著；她不被要求奮發向上，只被鼓勵滑下去到極樂。當她發覺自己被海市蜃樓愚弄時，已經為時太晚，她的力量在失敗的冒險中已被耗盡。」今天，女性已不再攀附男性的絕對權力，無論是在人格上還是在經濟上，都追求獨立。

和男人喜歡買車，以突顯自己的地位，滿足虛榮心不同，單身女性買房是一種獨立人格的展現，是對安定生活的一種投資，是對幸福生活的一種嚮往。

中國自古就有安土重遷的文化，不論歷史如何變遷，大家對房子的需求總是那麼迫切。安居定業文化影響下，安居成了所有之本，不論男

---

[30]　西蒙・波娃 (Simone de Beauvoir，1908 ～ 1986 年)，女，二十世紀法國最有影響德女性之一，存在主義學者、文學家。19 歲，她發表了一項個人「獨立宣言」，宣稱「我絕不讓我的生命屈從於他人的意志」。西蒙・波娃一生寫了許多作品，被法國前總統密特朗稱為「法國和全世界的最傑出作家」。

女都將目光瞄準了房產投資。即便是在房價飆升的今天，房地產行業依然火紅，房價居高不下也正是由於購房人群龐大。

長期以來，男性買房被看做是一件天經地義之事，而女性卻似乎不必承擔購房的壓力。但是這種腐朽的觀念已被打破，單身獨立的知識女性不再被男權束縛，她們也擁有購房的經濟實力。在這樣的基礎上，單身女性尋找伴侶會更加純粹，是為了愛，為了幸福，而不是為了房子。

小楊和小李是從小一起長大的好朋友，兩人成績都很優異。但是，小李的父母不重視學業，認為女孩子遲早要嫁人，讀太多的書也沒有用，以後找一個好婆家就行了。小楊的父母不這樣想，而是一心一意培養孩子，希望小楊透過讀書走出農村。

在這樣不同的家庭環境之下，小楊和小李的價值觀悄然發生著變化。小李沉浸在找一個有錢有房的老公幻想中，而小楊則用心在學業上。最終，小楊考上了熱門科系，而小李高中畢業後就在當地商場做了一名銷售。從此，兩人的命運發生了截然不同的變化。

四年後，小李如願嫁給了當地一個暴發戶的兒子，並主動辭去工作，當上了無憂無慮的家庭主婦。而小楊大學畢業後，到了杭州，進入外商上班。從此，小李在朋友圈裡晒得都是美食、名牌包包、到處旅遊的風景照，整天逛街喝茶消遣。而小楊埋頭工作，兢兢業業，不斷充實自己。

又過了四年，小李的老公有了外遇，執意離婚，將小李送回了娘家。曾經的大別墅，又變成了村裡的小矮房，失去了有錢老公的支撐，小李的生活品質一落千丈。而小楊透過自己辛勤的努力，得到老闆器重，已經升任為人力部經理。她年薪超過二十萬，在杭州付了頭期款，購置了一套稱心如意的房子，也吸引了眾多優秀的愛慕者。

對比小楊和小李的不同命運，正如波伏娃所說的那樣，人生太多事具有不確定性。對女人來說，為了讓自己有資本活得更好，不應把賭注下在他人身上，而是要靠自己的努力，贏得自我安全感。實際上，這種獨立自主的現代女性也是菁英男士最欣賞的。優秀的男人不喜歡坐享其成、毫無追求的女人，有共同興趣愛好、有專業能力的女人更有吸引力。

對單身女性來說，婚姻並非一件必需品。為了將來的生活有保障，買房成為她們的首要選擇。單身女子沒有可指望的婚姻，對未來的擔憂會更多，因此想辦法為自己購置保險的籌碼。一般男性會中意帶來更大活動空間的車，但是女性一定更中意買房，以獲得安全保障。

如果到了一定年齡，比如 35 歲以上的女性，往往開始有意識地為養老做安排，會更願意購買社會保障。在當代社會中，購置房產始終是一項最為穩妥的投資。女性對不動產有著天然的安全感需求，對於「有恆產者有恆心」有著本能的體驗。更重要的是，親手布置屬於自己的房子，給自己一個安穩的棲息地，讓女人更有安全感。

事實上，當城市化率達到 30% 時，一個國家和地區將進入一個經濟高速增長的階段，從農業社會進入工業社會，人口快速湧進城市，城市地價房價會快速上漲。直到城市化達到 70%，人口向城市遷移才進入平緩發展階段，房價上漲趨於緩和。對單身女性來說，把握這些房產投資規律，無疑會提升不動產投資的科學性。

【經濟學解讀】

從理性經濟學角度來說，單身買房更划算。因為婚後買房，兩個人被看做一個家庭，要買第二套房子的時候，首付比例可能就提高了，貸款額度就會變少，比起單身時買房成本更高。

在通貨膨脹的前提下,貨幣在貶值,所以即便是貸款買房也是一
筆划算的買賣。受過良好教育的單身女,不急於結婚,又有經濟基
礎,付個首付購置一套小房產已經不再是難事。

AA 制不足的地方

不懂得什麼是個人利益而去談論社會利益是徒勞的。

今天,「單身貴族」是一個令人嚮往的稱謂,單身代表著自由、獨立與尊貴。其實,這股熱潮在歷史上出現過,有著特定的背景和原因。

第一次單身潮出現在 20 世紀 50 年代,是受到法律的影響;第二次是在 20 世紀 70 年代末,知識青年們為了返程紛紛選擇離婚而引發單身潮;第三次是在 20 世紀 90 年代,傳統家庭觀念的轉變,導致第三次單身潮來臨。現在,正在發生第四次單身潮,突出的特點是經濟飛速發展導致女性自主意識增強,主動選擇單身的女性明顯增多。

單身女性,並非大門不出二門不邁的大家閨秀,而是有自己社交活動,有自己事業追求的女性。在傳統的觀念中,異性共同出去吃飯、遊玩,理所應當由男人付錢,這其實是一種男權主義思想。今天,單身女性已經不需要這種照顧。男人買單並非天經地義,吃飯 AA 制 [31] 已經得到許多單身女性的基本認同。

周小歐最近一年都在相親,但是讓他印象最深的還是曉莉。雖然他們只是透過交友網站認識,並且只吃過一次飯,然而就是那一頓飯讓周小歐念念不忘。

[31] 「AA」是「Algebraic Average」的縮寫,意思是「代數平均」。通常用於飲食聚會及旅遊等共同消費共同結帳費用的場合,在於雙方或者多方都存在消費卻一起結帳,免去個人或者部分人請客,消費均分。

原來，曉莉在結帳的時候主動要求 AA 制，這讓周小歐很意外，也很感動。他說：「並非我不願意請客，但是女生的這一個舉動，讓我感到她很獨立，很有教養，並且很體貼人。」

相親飯局上，女人經常遇到是否要 AA 的困惑。無論雙方下一步如何發展，付錢的時候能夠主動 AA 代表了一種教養，也會讓對方肅然起敬。此外，如果對方並不如你所願，那麼雙方互不虧欠也會更加心安理得。

在消費中，除了 AA 制以外，單身女性還有許多自己的經濟規則，展現著個人的價值觀、為人準則。

● 購置不動產彰顯人格獨立

一個人只有經濟獨立才能人格獨立，單身女性的獨立性還展現在自己購置不動產。有了自己的獨立空間，到了與男人談婚論嫁的時候，她們可以純粹地以愛情為基礎選擇另一半，不至於因為房子失去話語權，甚至讓自己委曲求全。

以平等的心態面對異性，真正實現人格獨立，是女性內心深處的渴望。對於沒有房子的男人，在單身女性眼中可能是一種無能的表現，或者意味著他還沒有長大，這樣的男人一般不在單身女性的考慮範圍之內。而買了房的單身女性又會給男性帶來無形的壓力，甚至對其產生畏懼感。這也可以解釋，為什麼買了房的女人其實更容易保持單身狀態。不過，她們似乎並不在乎男人的眼光，更注重傾聽內心的聲音。

● 在消費中突顯個人品味與價值

單身的人喜歡**超前消費**[32]，在大多數人選擇國內遊時，他們願意多花錢去歐洲、日本來一次旅行；當別人還在購買商場裡的國產品牌時，他們會不遠萬里花高價錢購買訂製款、明星同款；當別人在開著中低階實用性汽車時，他們更願意貸款買一輛拉風的金龜車。

還有一些多金單身人士喜歡投資藝術品，喜歡欣賞高雅音樂會，喜歡看畫展，打高爾夫網球，喜歡吃私房菜而不是大眾連鎖，他們的消費永遠領先非單身人群。當然，他們在消費中也會體驗到不一樣的人生，讓內心變得更加充盈。

● 永遠愛自己，永遠善待自己

2016 年，《經濟學人》雜誌做了一項研究，亞洲女性離勤儉持家的形象越來越遠了。隨著網路購物經濟興起，越累越多的女性熱衷為自己買東西。顯然，現代女性更追求內心的感受，「永遠愛自己，永遠善待自己」是許多人的生活理念。在消費中，單身女性完全主導了決策權，並充分享受這種消費的快感。

【經濟學解讀】...

單身女性具備強大的消費力，這充分展現了「單身女性經濟」理論的合理性。在消費中，單身女性用經濟權利發聲，突顯與男性平等擁有平等的地位。將大部分的錢花在自己身上，更多是愛自己的表現，是對心靈的關照。

---

[32] 超前消費是指脫離自己收入水準和收入能力的盲目消費行為，它以追求享樂為目的，以消費高品牌、上等次的商品為特點，是一種不顧生產發展的可能和家庭收入的多少而盲目比較、不計後果的消費方式。

發揮每一分錢的最大價值

過度奢華的裝飾會很快毀掉一個強大、富裕的國家。

單身人士之所以被稱為「貴族」，部分原因是他們收入較高，在消費上大手大腳。不過，這種消費習慣和消費理念也經常被人詬病，一味地超前、過度消費而沒有節制，的確令人鄙夷。在消費這件事上，許多人對單身男女有一些誤解，因為許多人並不是世人想像的那樣。

許多單身男女接受過高等教育，對金錢有自控力，更能夠理解金錢不過是一種工具，是如何讓你更好生活的工具。作為理性人，他們更加信奉「好鋼用在刀刃上」上的消費理念。

今天，華人已經走過了物資匱乏的艱苦貧寒時代，進入了物質豐富的新時代。當然在這個轉變過程中，在某個階段，在有些人身上，確實出現了偏差 —— 奢侈型消費，過度浪費，也帶來了自然資源的浪費。現在，環保理念盛行，特別是單身一族更加崇尚過綠色生活，而新節儉主義正成為他們的理性選擇。

新節儉主義倡導豐足不奢華、愜意不張揚的幸福生活。它是一種反璞歸真，與 BOBO 族 [33] 不同，這是一種更為明朗而積極的生活方式。在這種理念影響下，單身男女拒絕奢華，倡導環保，追求內心的平和，並

---

[33]　BoBo 族（bobos），也有人翻譯為「波波族」，「布波族」。BoBos 是 21 世紀的菁英一族，追求心靈滿足是其工作的動力，並善於把理想、轉成產品。這群菁英族，同時擁有 70 年代的被視之為波西米亞人的嬉皮及 80 年代的被視之為布林喬亞的雅痞特質。

且在為人處事方面與人為善、自在從容。

26 歲的文文剛參加工作，月薪 30,000。父母是雙職工，尚未退休，憑藉優渥的家庭條件，文文字來是個不折不扣的「單身貴族」。然而，她在生活中開支巨大，有時候甚至需要父母資助，根本存不下錢。

父母經常問她究竟把錢花在了什麼地方，不用租房子，不用花費夥食費，為何 30,000 元還不能滿足一個小姑娘日常開支呢？用文文自己的話說，每個月都把錢花在化妝品、衣服鞋子，以及旅遊上面了。

年輕女孩子愛美很正常，但是文文對保養品、美妝產品近乎痴迷。看到新出的口紅色號就要買，看到商場打折也要搶購。光是在這上面，每個月就要花掉 16,000 多元。而在買衣服這件事上，她追求品牌，非大牌不買。此外，平時與朋友聚聚、唱歌、吃飯，也要花費一大筆錢。

一個偶然的機會，文文聽了一個理財講座，意識到自己揮霍無度，太缺乏理財常識了。隨後，她決定改掉自己的消費陋習。此後，文文每個月都做消費計劃，細緻規劃購物時機和地點，再配合時間性和季節性採購，在衣食住行方面，也秉持節儉實用的原則。幾個月下來，她不但省了錢，而且也不再需要父母自助了，手上竟然有了盈餘。

越來越多的單身男女開始注重利用好每一分錢，讓辛苦所得花得更有價值。愛美是女生的天性，但是如何既經濟便宜又實現愛美的願望並不難。在穿衣方面可以反季節購物，既能做到最大限度的節省，又能買回心儀的衣服。

比如，羽絨服屬於冬季必需品，而且款式基本上不會有太大改變，在冬天購買的確會有一些新款，但是價格十分高昂；為了降低支出，可以在夏天購置，充分享受極大的折扣。此外，許多衣服在每季新品上市和季末時，都會有打折促銷。現在網路購物十分方便，而且優惠更多，

在實體店看中款式和尺碼，再去網上購買能省下不少錢。

在吃喝方面，其實只要足夠細心，就會發現很多食品店、餐廳都有折扣活動。附近麵包坊幾點之後會打折，超市裡什麼時段進行促銷，餐廳又發放了什麼優惠券，還有團購、**秒殺** [34] 等方式都可以幫你節省資金。

在居住方面，單身一族通常會選擇合租，平攤房租、水電費，還能自己做飯，的確會很省錢。即便不想和他人合租，單身男女也可以租面積較小的房子，經濟適用。買房的時候，可以多注意房市行情，注意購房的旺季、淡季，這樣省下的錢也很可觀。

在出行方面，現在已經有很多經濟方便的方式，比如地鐵、共享單車、還有 Uber。有些超市商場還會提供免費通勤車，這也是不錯的省錢祕笈。在旅行中選擇班機的時候，旅行社在組團之前需要提前預定班機機位，這讓旅行社的經營存在一定風險。比如預定 25 個機位，每個機位需要根據路線長短支付預付款，如果遊客人數不夠則要扣除預付款；於是，當遊客數量較低時，旅行社會大幅降低團費，留意這些情況會省下一筆錢。

也許有人會嘲笑這種生活方式，賺那麼多錢還畏首畏尾，未免也太寒酸了吧！雖然經濟發展了，收入提高了，但是錢不夠花的情況還是很普遍。在奉行新節儉主義的單身一族看來，無止境的欲望只會將人吞噬，而且只不過是買了一堆根本無用的東西。單身是為了享受更自由的生活，讓心靈更自在，捨棄多餘的物質需求，讓生活簡單輕鬆，是新節儉主義的應有之義。

---

[34] 秒殺就是以壓倒性優勢一招致命；在極短時間（比如一秒鐘）內解決對手，或者稱瞬秒（瞬間秒殺），來自網路遊戲，形容一瞬間殺死一個遊戲角色之快。

　　雖然現在物質文明豐富了，但是鋪張浪費、虛榮消費已經變得越來越不得人心。即使是收入不斐的單身貴族，在花錢上也要精打細算，物欲橫流中更要堅守一份內心的平衡。這不僅能省下一大筆資金，也是個人品味的展示。

【經濟學解讀】...

　　新節儉主義是對過度奢華煩瑣的摒棄，是嘗試為快節奏城市生活帶來的沉重心理負擔減負的方式，是一種輕鬆快樂的「簡單生活」。

　　奉行新節儉主義的單身男女，追求的是在不影響生活品質的情況下，花盡量少的錢來獲取盡量多的愉悅。精打細算不花一分多餘的錢，在消費上秉持保守、適度理念，已經成為新時代大力倡導的生活方式。

第七章

偉大是需要時間累積而來的

　　《單身社會》一書的作者克里南伯格（Eric M. Klinenberg）說：
「我們的社會已經從一個保護人們免受傷害的社會，轉變成了允許
人們將自我表達最大化的社會。」今天，單身男女享受著最寬容的
社會文化、最豐富的消費服務，也最大程度上成就了自我。

三十歲與財富的生產力

財富的生產力比之財富本身，不曉得要重要多少倍。

三十歲是人生的一道檻兒。二十多歲的時候可以仗著年輕肆意妄為，可以揮霍青春，但是到了三十歲就要學著成熟。一個成熟理智的人，在這個時候開始思考未來的人生。

在傳統社會中，許多人無論自願還是被迫，在三十歲之前就走進了婚姻這座「圍城」，開始為「五斗米」折腰，談論的話題變成了「柴米油鹽」，生活範圍變成了自己的小家庭。

然而，伴隨著城市化浪潮，越來越多的年輕人不在固定於某個城市、某個單位、某個行業，人口流動加速導致他們不再過早步入婚姻殿堂。年輕人有自己的追求，有自己的理想，拚盡全力讓人生變得異彩紛呈。

從另一個角度看，選擇單身的人是在進行一場賭博，賭贏了就是大家稱羨的人生贏家，賭輸了也無所謂，起碼努力過了。在進行這場「賭博」之前，至少應該給自己想好退路，在經濟上獨立。任何時候，解決生存問題才能談更高層面的發展。

大學期間，李響成績優異，是有名的才子，也是很多同學羨慕的對象。畢業後，他進入公關公司上班，確實取得了不錯的成績，在外人眼裡過著光鮮亮麗的日子。但是到了三十歲的時候，李響開始變得力不從心。一方面，每天繁重的工作壓力和複雜的人際關係讓人喘不過氣來；另一方面，公司的新人表現出強勁的戰鬥力，讓李響感覺到競爭壓力，

因此有些迷茫了。

在公司裡，事業空間上升有限，李響預定的奮鬥目標沒有實現。雖然家人一再催促，但是他還不想結婚。每年進入公司的新人有想法，活力四射，讓李響感覺自己有點落伍。年輕人可能只需要幾分鐘就能想到的創意或者解決問題的方法，他卻需要一個小時甚至更久才能想到。李響清楚地意識到，自己之所以還能坐在現在這個位置上，只是因為經驗豐富，如果失去了這個優勢，自己很快就會被淘汰。

在職場上，很多人靠著年齡優勢和高強度工作占據一席之地，如果不能在工作中有所突破，或者整個公司有跨越式發展，未來的路會越來越艱難，讓人看不到希望。這種焦慮困擾著許多人，尤其是廣大單身人士。

當年齡優勢不再，手中積蓄也不多，而且還未結婚生子，那麼來自各個方面的強大壓力會接踵而來，讓人無法呼吸。像李響這種情況，並非貪圖一時的成功與財富，只是面對現實的壓力，不得不有所顧慮，進而一再推遲了婚齡。

此外，今天的年輕人普遍存在超前消費、透支消費的行為，藉助信用卡把明天的錢花了，手上反而更沒有多少積蓄。超前消費往往是對個人收入狀況過於樂觀，認為未來有能力獲得較高收入，一定能夠彌補現在透支的金錢。然而，人生總是事與願違，一切沒有自己想像的那麼理性，這導致個人財富狀況江河日下。

現實生活中，單身貴族不是那麼好當的，許多人保持單身更多是出於無奈。單身男女遲遲找不到中意的人，往往是囊中羞澀，個人財富狀況不理想，這讓當事人對喜歡的人大膽表白缺少了足夠的底氣。

在一個現實的世界中，個人財富狀況無疑是談戀愛、結婚、生子最大的底牌。現實的壓力及對未來的預期超出了自己的能力範圍，那麼單

身男女就會選擇繼續等待，或者放棄眼前觸手可及的戀情。隨著年齡逐漸增大，如果個人才財富狀況仍然不見起色，那麼心理焦慮就會持續增加。可見，人生並不是一件輕鬆的事。

其實這也不難理解，越是優秀的人越聚集在現代化的大都市中，年輕人在這樣的環境中追求優越的生活和理想的伴侶，會變得異常困難。一個人有了更大的視野，更高的目標，會主動提升自我，期待遇到更好的伴侶。然而，個人財富增加並非與年齡增加成正比，如果職業發展、自我提升受限，無疑會影響個人財富獲取能力的提升。漸漸地，他們的人生開始變得高不成低不就。

在一家銷售公司就職的張松已經 29 歲，趕上市場行情不佳，月收入持續惡化。前兩年，他憑藉豐富經驗取得了不俗的業績，攢了一筆錢，準備買房結婚。但是，市場行情突變，房價持續上漲，讓他變得越來越迷茫。

本來想百尺竿頭更近一步，但是遭遇大環境變化，他只有以穩為主。公司一些年輕人比張松更有活力，更有想法，這也是一種無形的壓力。陷入了一個兩難的境地，必須突出重圍才行。

多年不見的高中同學打來電話，對方在一家網路行銷公司做事，市場業務發展很快，急需優秀人才。老同學想到張松一直從事銷售工作，於是盛情相邀。憑藉豐富的銷售經驗，張松果然被錄用。

在新公司，得益於老同學引導，加上自己勤奮努力，張松很快進入角色，再次迎來事業發展高峰。當然，伴隨著優秀的業績，他的收入也水漲船高，個人財富狀況大為改觀。

「三十而立 [35]」並非一句虛言，一個人到了三十歲的年紀，就應該具

---

[35]　三十而立，指人在三十歲前後有所成就。這是《論語・為政》中孔子對於自己在 30 歲時所達到人生狀態的自我評價，原文是「吾十有五，而志於學。三十而立，四十而不惑，五十而知天命，六十而耳順，七十而從心所欲，不踰矩」。

備豐富的專業經驗，步入事業發展的正軌，並在個人財富上有較好的前景。三十歲的人即使沒有結婚，也應該具備結婚的能力，在物質上不至於捉襟見肘。

一個人的收入狀況決定了未來發展前景。三十歲之前，可以失敗，可以揮霍，但是到了三十歲就一定要理性思考未來，尤其是在個人財富方面進入穩定增長期。獲得持續賺錢的能力，就能有效應對風險，無論提升生活品質還是尋找伴侶，都會顯得從容不迫。否則，在最能賺錢的時候手頭拮据，會讓自己處處陷入被動，與美好的人生相去甚遠。

對單身男女來說，三十歲的人無論投資理財還是其他事情，都應該做好防範風險的準備，獲得持續賺錢的能力。做事腳踏實地，學會瞻前顧後，做好最好的準備，也要做好最壞的打算，這樣在生活和工作上才能成為真正的贏家。

【經濟學解讀】

三十歲是一道檻兒，邁過去了，今後不一定能保證就順風順水，但是至少不會有大風大浪；邁不過去，或者被絆倒了，就會變得力不從心。對任何人來說，投資理財都不能帶著賭徒心理，因為有時候這不僅是一個投資，甚至會是自己的人生。一旦輸了，可能這輩子都翻不了身。

隨著年齡增長，需要思考的東西開始變得越來越多，再也不可能像年輕的時候單憑意氣和衝動做事。你永遠不知道明天會發生什麼，在三十歲這個剛剛好的年紀獲得持續賺錢的能力，才能實現真正的經濟獨立，為人生加分，避免遭遇進退兩難的尷尬。

第七章
偉大是需要時間累積而來的

城市生活與單身現象

這個世界的任何商品，其價值都是因為有人爭奪才產生的。

1776 年，英國經濟學家**亞當·斯密** [36] 在《國富論》中提出了「看不見的手」這一命題。主要描述個體在經濟生活中只考慮自己的利益，受「看不見的手」驅使，即透過分工和市場的作用參與市場競爭，最終實現國家富裕。

從現代市場經濟角度來看，「看不見的手」是指市場根據自身發展規律對各種要素進行相應的調節，從而實現經濟效率最大化。也就是，這種調節不是人為干預，不同於政府調節這種「看得見的手」。

無論產品生產、流通、消費，還是人口、婚姻無不受到市場這隻手的引導。對於城市化程序中伴隨的單身人群驟增，也要從市場角度去理解。

近年來，自願單身的人數呈逐年上升的趨勢。在職場中，單身的人占三分之一左右。從城市劃分來看，大城市的單身比例有四成之多。

大城市單身比例高，原因有很多，但是其中最關鍵、起決定性因素的是思想和經濟這兩隻「看不見的手」。

---

[36] 亞當·斯密（1723 年 6 月 5 日 -1790 年 7 月 17 日），經濟學的主要創立者。他出生在蘇格蘭法夫郡（County Fife）的寇克卡迪（Kirkcaldy），是一個遺腹子。母親瑪格麗特是法夫郡斯特拉森德利大地主約翰·道格拉斯的女兒。亞當·斯密終身未娶，一生與母親相依為命。

● 大城市開放、包容，單身成為一種自由選擇

在聚集效應的作用下，大城市不僅人口密度高，而且人口受教育水準也最高。在生活理念上，這裡也最開放、最包容。在廣大農村和小城鎮，一個人到了一定年齡還不結婚會遭遇強大的壓力。但是在大城市，沒有人關心你是否結婚了，為什麼還保持單身。

很多人發現，身邊的親戚朋友結婚以後，生活品質似乎並沒有得到相應的提高，反而會因為家庭瑣事和兒女的各項費用陷入無奈。而且對女人來說，結婚生子甚至會影響到個人事業發展。因此，越來越多的人不急於結婚。

特別是大城市的薪資水準相對較高，很多人尤其是女性不再像以前一樣需要靠結婚來獲得生活保障，因此更願意享受單身的自由與快樂。這樣就會產生一種狀態，即對婚姻保持一種敬而遠之的心理。很多人認定，除非遇到真心相愛、理解並包容自己的人，否則絕對不會走進婚姻的殿堂。

從人際關係的角度看，生活在大城市的人大多把精力放到工作和事業發展上，沒有傳統熟人社會的煩惱。因此，許多人過了三十歲還沒結婚，不會迎來周圍人們異樣的眼光。相反，如果在農村或小城鎮，往往得不到理解，心理上要承受巨大壓力。

● 大城市消費水準高，加大了結婚生子的成本

經濟發達、消費水準高是大城市的主要特徵，除了享受這裡的高薪水、便利生活，人們也要承受高昂的生活成本。大城市的收入水準和消費水準是成正比的，甚至消費水準是高於收入水準的。而結婚需要房

子、車子，結婚之後還要考慮養老和孩子的費用，這些成本放到一起無疑是一個天文數字。

如果已經結婚了，還會有各種支出，生活壓力也隨之變大。以前單身時候還可以偶爾出去旅行，結婚之後迫於貸款的壓力，或者有了孩子，一年能出去旅行一次就算不錯了。而且華人的傳統觀念很重，雖然現在很多年輕人嘗試租房子結婚，但是更多的人要求先買房後結婚，因為迫於買不起房而分手的案例數不勝數。隨著年齡增大，過了三十歲還保持單身也就很普遍了。

既然這樣，一個人也可以生活得很好，而且工作起來減少了更多負擔和顧慮，為什麼還要急於結婚呢？於是，許多人索性享受單身的自由，專注於提升工作能力，增加收入。顯然，市場這一「看不見的手」在影響人們的婚姻觀、愛情觀，那些在財富上處於劣勢的人大多推遲了婚齡。

從社會學角度看，大量單身男女晚婚晚育，是不正常的現象，甚至已經成為一個嚴重的社會問題。在充分競爭的社會環境中，政府顯然無力干預單身男女的婚姻問題，與誰結婚、什麼時候結婚更多取決於當事人的選擇。

在世界各地，單身人口持續增加，已經成為一個社會性難題。日本人口老齡化嚴重，政府鼓勵年輕人結婚生孩子，但是越來越多的人不願意養育孩子。無疑，這裡單身的群體也持續增加，既有主動選擇結果，也有被動單身的無奈。

【經濟學解讀】．．．

　　大城市出現龐大的單身人群，經濟原因只是一種外在的因素，起決定作用的還是人們的思想觀念。年齡越大，人們的想法越多，甚至到了一定年齡就會認為婚姻這件事可有可無，就不在乎了，這顯然是不可取的。

　　作為社會中的一員，即便只是為了自己，也應該時刻做好告別單身的準備，併為之努力奮鬥、認真計劃，不要把目標定得太高，並結合自身的條件提早找到愛的人。現在，二三線城市的幸福指數比大城市更高，恰恰說明不懂得作出改變的人會活得更累。

擇偶不能忽視「本錢」

供求決定售價，售價決定成本。

2002 年，由任賢齊和鄭秀文合作的電影《嫁個有錢人》上映了。故事講述的是鄭秀文飾演的平凡女孩兒阿咪，無意中得到了一本從天而降的書《玻璃鞋》，於是她也希望自己可以像灰姑娘一樣穿上水晶鞋嫁給王子。後來，她假扮有錢人偶遇了任賢齊飾演的阿誕。隨後，兩人一起在米蘭度過了一段難忘的快樂時光。

有一次吃完晚飯後，阿誕消失了。原來他只是一個修車的，也在假扮有錢人。但是，最後兩個平凡的人終於還是坦誠相對，終成眷屬。電影當然是虛構的，但是藝術都源於生活，而又高於生活，所以現實中必然是有這樣的人，只是結果不一定有電影裡那麼好。

拋開最後的喜劇結尾，從現實角度來看，男女主角的擇偶標準其實是很普遍的，但是又有些不切實際。今天，很多人反對傳統的「門當戶對」，認為新時代下應該主張自由戀愛，真愛至上，所有的家世背景都不應該成為真愛的阻礙。這的確值得稱道，但是雙方講究勢均力敵也沒有錯。

相信真愛無可厚非，但是應該從自身實際去考慮，為了夢想中的生活必然要付出相應的努力。比如，你希望愛人達到什麼水準，那麼你自己也應該達到那樣的高度，具備相應的本錢。對單身男女來說，找到愛的人必須審視一下擇偶標準與自身的條件是否匹配。

在經濟學的消費理論中有三個重要概念，即效用，也就是某件貨品在你心目中的重要性；無差異曲線，也就是所有可產生相同效用的產品組合；預算限制，也就是你手上的錢，最多可買到的產品組合。

比如夏天來了，你想買一臺空調降降溫，這就是效用；同樣可以降溫的還有電扇，雖然效果不如空調好，這就是無差異曲線；最後，決定你買電扇還是空調的因素是現在手裡有多少錢，這就是預算限制。

擇偶也是一樣的道理，假如一位單身男士想找一位漂亮、有錢、善良、持家、有教養的女孩做愛人，那麼這種要求往往不現實，這種女孩大多只存在於藝術作品中。在現實世界裡，任何一個女孩總會有某些方面的不足，這時候就要有所取捨，是選擇漂亮一些卻沒教養的，還是選擇持家而不漂亮的，或者是有錢卻不善良的，這些對你來說在可接受範圍以內的對象，就構成了一個無差異曲線。當然，劃出無差異曲線還只是開始了第一步，能不能找到自己心儀的對象，關鍵還取決於最後一項──預算限制，也就是你自身的條件。

在商店裡，有時候你不能買到需要的東西，不是因為缺貨，而是因為手中的錢不夠。如何用有限的錢買到最需要的東西，實現預期目標，這就是消費理論的精髓。經濟學上把它稱為效用最大化的消費組合，一方面你感到滿意，另一方面又能消費得起。

具體到婚姻市場上，會出現兩種結果，一種是高不成低不就，只好繼續保持單身，繼續尋尋覓覓；一種是勉強將就一下，隨便找個人結婚算了，不再考慮是否符合內心的完美標準。

當然，在這兩種比較極端的結果之外，還有另外兩種情況。一種是取捨，即自己的本錢只有這麼多，自己能買到的東西也就這麼多，最後只能選擇自己最看重的要素，而放棄自己覺得不那麼重要或者不起決定

性作用的要素。另一種就是透過自身的努力，增加個人的本錢，當你的本錢足夠多了，你所能選擇的效用組合就越多，並且越好。

除了以上幾點，還有很重要的一點就是自我評價。通常，人們傾向於對自己評價過高，在婚姻市場上導致自己的擇偶標準過高，超出了自己的實力範圍，結果自然無法找到合適的結婚對象。

回到開頭所說的電影《嫁個有錢人》，男女主角之前互相欺騙，但是最後還能走到一起，雖然是電影故意追求皆大歡喜的結果，但最重要的還是雙方都是普通人，都來自普通的家庭：一個家裡是送煤氣管的，一個是修車的。從身分地位來看，彼此符合「門當戶對」的原則，因此最後終成眷屬就在情理之中了。

縱觀一些藝術作品，《梁山伯與祝英臺》[37] 應該算一個悲劇，而《西廂記》[38] 裡張生和崔鶯鶯這對才子佳人能在一起，最後還是因為張生考中了狀元，身價不斐。這再次說明，擇偶和結婚要看「本錢」。

所以，想要告別單身，不要總是抱怨自己身邊沒有自己喜歡的或者條件合適的，而應該反思一下自己，客觀地審視一下自身的條件，根據自身的條件去選擇和取捨。如果不甘心取捨，那麼就努力提高自己，增加自己的本錢。

【經濟學解讀】

所有商品的價格都不是隨便定下的，而是根據商品自身的價值確定。同樣，決定你能買到什麼的商品不是價格的高低，而是你口袋裡

[37] 《梁山伯與祝英臺》是中國古代民間四大愛情故事之一，是中國最具魅力的口頭傳承藝術及國家級非物質文化遺產。自東晉始，這個故事在民間流傳已有 1700 多年，可謂中國家喻戶曉，被譽為愛情的千古絕唱。
[38] 《西廂記》全名《崔鶯鶯待月西廂記》，共 5 本 21 折 5 楔子。作者王實甫，名德信，元代著名雜劇作家，河北省保定市定興（今定興縣）人。

的錢。要麼選擇得過且過，要麼選擇最大限度地合理消費，物盡其用。在有限的本錢基礎上合理取捨，盡量選擇自己最想要的合適商品，才是明智之舉。

當然，人生最理想的狀態就是能夠堅持自己的追求，為了特定的目標努力提升自我。對每個人來說，這樣的人生更有價值，這樣的生活也最理想。

黃金單身漢不婚的理由

用貨幣來衡量動機，還有幾種其他的限制要加以研究的。

通常，市場是一個優勝劣汰的過程，即物美價廉或者品質好的商品將品質一般甚至劣質的商品淘汰。但是人心是難測的，有時候出於某種心理的影響，一切規律都有可能被打破甚至顛覆。

「黃金單身漢」，聽上去有一種暴發戶的感覺，可以肯定他們是多金的。按照常理，這類人不乏愛慕者或追求者，即便在同性看來也值得豔羨。如果他們選擇不婚，保持單身狀態，在常人看來就有些匪夷所思了。

在現實世界中，人們更多考慮自己的利益。當越來越多的人在一段婚姻中把房子、車子放在重要位置的時候，那些擁有鉅額資產的人開始對情感與利益的識別變得困難起來。既然你這麼看重物質利益，那麼我如何區分你的感情是否純粹、可靠呢？

面對愛慕者、追求者，「黃金單身漢」變得謹小慎微，甚至因為以前在這方面有過失敗的教訓而不再輕易開始新的感情。於是，有錢人或者遊戲人間，乾脆不把感情當一回事了，過著新人勝舊人的奢靡日子；而另一些有錢任潔身自好，寧可單身，也不想陷入這樣的糾紛或者麻煩。於是，就出現了各方面條件俱佳，但是保持單身的「黃金單身漢」。

「黃金單身漢」保持單身，並非不渴望戀愛或婚姻，而是期待遇到對的人，等待一段真感情。他們這種行為，在經濟學上可以稱之為「逆向選擇」。

所謂「逆向選擇」是資訊不對稱造成市場資源配置扭曲的現象，經常存在於二手市場、保險市場。它與資訊不對稱、機會主義行為有關，卻超出了這兩者所能夠涵蓋的範圍，主要是市場機制、制度安排出了問題，造成市場資源配置效率扭曲。

對「黃金單身漢」來說，保持單身是一種被迫選擇的行為，不是主觀意願。換句話說，他們也是受害者，是因為婚姻市場功利性太強造成溝通與信任機制失靈，才產生了「黃金單身漢」成為不婚族的尷尬局面。

孟飛是一家大型連鎖超市的高階主管，今年 35 歲，有車有房，而且有學識有涵養。雖然條件優越，魅力四射，但是至今保持單身。在公司裡，很多年輕女孩都明裡暗裡對他表示過愛慕之心，但是孟飛始終不為所動。對此，很多人都不理解。

後來，另一位財務主管，也是孟飛的大學室友，透露出了事情的原委，大家才恍然大悟。原來，孟飛與前女友是在上一家公司認識的，當時孟飛已經成為部門主管，雖然還算不上成功人士，但是至少也是年少有成了。憑藉良好的家庭背景和帥氣的外表，他吸引了很多女孩的愛慕之情。

然而，前女友是一個愛慕虛榮的人，平時花錢大手大腳，喜歡跟風買各種奢侈品，參加各種聚會。結婚之前，她竟然跟公司的經理出軌了。孟飛知道了這件事以後，試圖與前女友溝通，但是對方一度認為孟飛會主動提分手，乾脆惡人先告狀，開口閉口索要青春損失費。

至此，孟飛徹底死心了。他快刀斬亂麻結束了這段關係，對男女感情之事再也提不起興趣。於是，一個人過了這麼多年仍然保持單身。

也許會有人覺得這樣的故事很荒誕，只有狗血劇裡才會出現，但是現實往往比小說更精彩。很多優質人士有的經歷過失敗的婚姻，有的看到過

太多身邊朋友的失敗婚姻，最後對人生失去了信心，對婚姻乾脆敬而遠之。

你不能怪誰，只能說這個社會有其殘酷的一面。就好像古代那些仕途失意最後選擇歸隱山林的名流隱士一樣，從他們的詩作裡可以看出，雖然口口聲聲說獨居的日子多麼悠閒自在，但是心中對入世往往有著熱烈的期盼，只不過對現實太失望，已經心灰意冷了。自己一個人就能過的很好，為什麼要去惹一身麻煩呢？為什麼一定要去為五斗米折腰呢？

劣質品把優質品擠出了市場，那麼大家用的就都是劣質品，過的也自然就是劣質生活，活的自然也就是劣質的人生。不經反思的人生不值得過，每個人都應該有所醒悟，在感情的世界裡過得坦然、真實一些。

儘管人生有許多無奈的地方，但是我們仍然要努力發現它的種種美好。對「黃金單身漢」來說，選擇單身無可厚非，但是始終相信愛情才是生命的真諦。即便當下沒有對的人出現，那麼你也應該對未來充滿信心，善待身邊每個有緣人。

● 不讓婚姻成為人生的一道枷鎖

每個人都嚮往自由，身處婚姻的人也不例外。男人都希望拋開繁忙的工作，可以有時間發展自己的興趣愛好，女人也想有許多獨自相處的時間。所以，即便你們一起生活，對另一半有更多依賴，也要理解對方這種願望，並懂得給予相應的自由空間。

「黃金單身漢」不必對婚姻產生恐懼感，既要濃烈地愛對方，也要懂得給予對方自由。正如**亨利·詹姆斯** [39] 說：「和別人相處要學習的第一

---

[39] 亨利·詹姆斯（Henry James），美國現實主義的心理小說大師。他注重小說寫作技巧的革新，是美國文學史上最具特色的作家之一。雖然是美國人，亨利·詹姆斯卻常年旅居歐洲，並最終在英國定居。

課，就是別干涉他人尋找快樂的特殊方式，如果這些方式並沒有對我們產生強烈妨礙的話。」

● 男人和女人是兩種截然不同的生物

男人和女人好像來自不同的星球，是兩種截然不同的生物。他們從出生開始便存在著巨大差異，並且這種差異是無法調和的。當男人和女人選擇在一起之後，如果他們希望擁有相同的思想，相同的看法和相同的意見，這是不現實的，也不會受到歡迎。

有的「黃金單身漢」不善於與異性相處，因為雙方不可調和的差異而產生各種苦惱。安德瑞‧摩里斯在《婚姻的藝術》這本書裡面曾經說：「沒有一對婚姻能夠得到幸福，除非夫婦之間能夠相互尊重對方的差異。」「相愛容易，相處太難」，既然遇到對的人並決定在一起，那麼就要做好準備，認真過好每一天。

【經濟學解讀】...

逆向選擇反映的是一種扭曲的消費價值觀，是不利於市場正常發展的。真正有價值的東西被淘汰或者置之不理，價值不大或者沒有價值的東西反而被追捧，這本身就是一種倒退，是對追求卓越的一種打擊。

作為一個目光長遠的人，應該學會「特立獨行」，不盲目跟風，提高自身品質的同時，選擇高品質的生活，讓自己盡量遠離劣質的人生。如此一來，你才能在告別單身的同時，得到有價值的人生伴侶。

找個伴侶，還是養隻寵物

　　競爭可以是建設性的，也可以是破壞性的：即當建設性的時候，競爭也沒有合作那樣有利。

　　沒有女朋友的時候，看著別人成雙成對很羨慕，心裡會覺得孤單落寞，就連吃飯也無緣情侶套餐。在單身人士看來，就連光棍節都被情侶秀成了情人節，讓人不得不懷疑這個世界對自己充滿了敵意。單身男渴望找一個女朋友，也許不為別的，只是為了排遣隨時悄然而至的孤單。

　　可是，有了女朋友又能怎樣呢？一開始的時候如膠似漆，一日不見如隔三秋，恨不得上廁所都一起去。但是時間一長，兩個人身上的各種缺點就會暴露出來，或者因為太熟悉失去新鮮感，開始懷念當初的單身生活。找個女朋友的代價是，你要放棄單身的自由。

　　生活本來的樣子是，兩個人熬過了吵架的日子，一切歸於平淡，沒有電視劇裡跌宕起伏、動人心魄的情節，只有柴米油鹽的瑣碎。至於能否結婚，無非是挺不過去便選擇分手，然後各奔東西，去尋找自己下一個懷抱；挺過去了就領證生孩子，過完餘生。

　　在愛情速食時代，有的人吃膩了，放下一段感情之後無法再捧起另一個人，厭倦了重頭開始一段新感情。對他們來說，交個女朋友告別單身不如養一個寵物陪伴左右，起碼彼此不會爆發歇斯底里的爭吵。這是許多人單身的一個重要原因。

　　胡平與陳楠是高中同班同學，後來又上了同一所大學。高中時代學

習緊張，兩個人只是模糊地記得有這麼一個人存在，彼此並不熟悉。在大學同鄉會上，兩個人相遇，才開始深入了解對方。

三個月之後，兩個人互生好感，確立了戀愛關係。胡平是一個比較傳統的男生，想的是就談一次以結婚為目的的戀愛，並不是出於孤單寂寞或者其他什麼目的。而陳楠也是看重胡平踏實沉穩的個性，才選擇在一起。

大學戀愛期間，雙方有過歡笑，也有過爭吵，但是都度過了艱難的時刻。然而面臨大學畢業的時候，兩個人終究選擇了分手。原來，胡平選擇回老家發展，因為他是獨生子，需要照顧父母；但是陳楠是一個好勝心強的姑娘，想趁著年輕的時候在大城市闖一闖，甚至考慮以後在大城市落腳。於是，一對有情人各奔東西。

分手以後，胡平沉寂過一段日子，精神狀態不佳。後來，家裡給他安排相親，同學幫著介紹對象，但是她始終無法忘記陳楠。唯一留在身邊的，是前女友養的那隻波斯貓。而陳楠選擇了在大城市裡打拚，也許追求成功已經成為了她唯一的人生目標，只是在閒暇之餘她偶爾會想起與胡平在一起的美好片段。

在感情的世界裡，永遠沒有對與錯。能夠走到最後，是今生的緣分；如果選擇分手，那是修行不夠。當年輕不再，心似乎也在老去，能夠帶來精神慰藉的是找一個合適的替代品。或許是養一隻寵物，或者是學習一門樂器，或者找一個新人替代心中的影子。

經歷了感情的創傷和心靈的折磨，人們急於找一個替代品撫慰自己，希望在孤單的日子裡有東西陪伴。痴情的人忘不了舊人，選擇一個人單著，習慣把寵物狗當作伴侶，恰恰是因為走不出情感的牢籠。

有的人放下過去，尋找新的生活，比如到各個地方旅行，去看不同

的人和不同的風景，發現人生的意義，找到自己到底應該追求什麼。在自由的旅行中，人看似很快樂，可能心更孤單了。

從經濟學的角度來理解，兩個互為替代品的商品甲和乙，假如甲的價格上漲，那麼乙的需求量就會隨之上漲，導致甲的市場萎縮。自由選擇的市場經濟賦予消費者最終決策權，他們選擇價格更低的商品，或者因為消費偏好發生變化而選擇替代品，引起市場格局變化。

在人生這個棋局中，當喜歡的人遠去，或者無法獲取一段真摯的感情，人們會尋找情感的寄託。有的人選擇新的愛人結婚生子，過上安穩的日子；有的人因為舊情難忘而等待類似的人出現，暫時過著形單影隻的生活。

● 做理性的經濟人，才能更有效率

人生怎麼能沒有遺憾？總有一些東西，超出了我們的掌控，如果不能接受、適應眼前的現實，整天沉浸在痛苦中，對任何人來說都是一種不負責任。在快速變化的世界裡做理性的經濟人，才能快速治癒心理創傷，讓人生更有效率。

不可否認，人是一種群居動物，但是許多事情終將獨自面對，沒有人可以幫助你。面對愛人遠去，悲傷之後選擇面對新的一天，人生才能變得更有價值。

● 生命只是一場體驗，沒有誰是誰的永遠

擁有的時候感覺不到可貴，失去了才感到珍惜，這是人之常情。那些遠離我們的人，有的帶走了美好的回憶，有的帶走了曾經的友誼，有的是痛苦的分離，對當事人來說是沉重的心理打擊。

戀人之間無法長長久久在一起，最後選擇分手，那種撕心裂肺的疼痛令人難過。更難以適應的是一個人的日子，不習慣獨處的時光。對每個人來說，「學會告別」都是一門必修課，請認真學習。

【經濟學解讀】...

商品經濟時代講求的是效率，無論什麼東西都追求快，就連感情都逃不過。當自己已經盡了全力而仍然無法獲得某些東西的時候，不妨把視線轉向別的地方看一看，也許會有更好的人和事在等著你。

單身者的價值觀

平等和效率（的衝突）是最需要加以慎重權衡的社會經濟問題，它在很多的社會政策領域一直困擾著我們。我們無法按市場效率生產出餡餅之後又完全平等地進行分亨。

生活中，相當一部分獨身者之所以選擇做不婚族，是因為他們綜合分析了各項利弊之後，結合自身價值理念做出了最優選擇，即獨身一輩子。在他們的價值觀裡，有了女朋友和家庭會增加各項開銷，情感上也會失去很多自由的空間；而女朋友和家庭所帶來的各項優勢，他們也能找到相應的或者更好的替代品。既然可以透過從其他事物上獲得對等乃至超過女朋友和家庭所帶來的價值，那麼獨身就成了一種最優選擇。

與獨身者接觸之後可以發現，雖然他們沒有生活伴侶，但是在精神層面上並不孤單，甚至很充實。他們有自己喜歡的東西，有積極追求的理想，有非凡而獨立的思想，這比現實中有對象或者有家庭卻內心孤單的人更加難能可貴。所以，真正的孤單不是沒有人陪，而是精神上的空虛。

在一家大型網路論壇金融版上，一個美女發了個貼文：「本人 22 歲，年輕貌美，身材姣好，談吐高雅，舉止端莊，是那種讓人有一見鍾情感覺的美女。想找一個年薪千萬的富翁做情侶。歡迎廣大有為人士預約。」

美女是一種稀缺資源，條件如此優渥的女人不乏愛慕者。但是，一

位金融界的富商並不認同這種價值理念，並給這位美女回應。他說：「從做生意的角度看，選擇你是一個很糟糕的決定，至少像我這樣的有錢人不會選擇你。

「透過你的貼文內容來看，你所要的不是愛情或者婚姻，只是一場單純的『財』、『貌』交易：一方提供年輕的身體，一方出錢進行消費，交易平等，絕無欺瞞。但是這裡有一個問題，即你的容貌會隨著時間貶值，而我的錢不僅不會貶值，甚至可能會增值。

「更殘酷地說，從經濟學的角度看，我是增值資產，你是貶值資產，不但貶值，而且是加速貶值！你現在20多歲，在未來的10年、20年裡，你仍可以保持窈窕的身材，雖然每年可能會略有退步。但是美貌消逝的速度會越來越快，如果它是你僅有的資產，5年以後你的價值堪憂。所以，你僅僅想靠美貌來完成這個交易，猜想是不太現實的，或者交易不會持續太久。與其苦苦尋找有錢人，你為什麼不想辦法把自己變成有錢人呢？」

從情感的角度看，這位富商的話確實有點兒殘酷和現實；但是從經濟學的角度看，他的說法是完全沒有問題的，甚至展現了一個理性經濟人的最優決策。他沒有因為一時衝動就用下身思考問題，而是用理性的態度面對一切。也許，他把這位美女看成了一件商品，與櫥窗裡塑膠的模特兒兒沒有區別，顯然那位美女一開始也把自己當成了一件商品。

那些活得明白的人清楚地知道自己到底需要什麼，他們不追求最好、最貴，而是在理性思考的基礎上遵從內心的想法。在獨身者看來，婚姻和家庭不是人生的全部，有限的生命中還有無限的奮鬥目標，有一天當你變得足夠優秀的時候，你會發現當初那些很貴、很奢侈的東西，其實也不過如此。

在經濟活動中，決策者追求理想條件下的最優目標，選擇最優方案，是一種理性思考和決策行為。當然，「最優決策」不同於「滿意決策」，兩者對決策條件和決策效果的要求存在差異。前者追求在最佳條件下實現最優目標，後者強調在現實條件下取得滿意結果。

每個人在買東西的時候肯定都想買最好的，或者至少是最適合自己的。前提是，在自己的財力承受範圍之內。

比如買手機，現在很多人都偏重於蘋果或華為，但是對每個人來說這兩者都是最合適的嗎？假如你一個月收入一萬多，那麼你無論買哪個手機都容易決策，但是如果一個月的薪資只有兩三千，那麼就要考慮花兩個月薪資買一個手機是否值得。畢竟，手機的主要功能還是打電話和上網，現在隨便一部幾百或者一千左右的手機都能滿足這兩方面的需求。這時候就要做最優的選擇，而不是最貴的選擇。

最貴的不一定最適合自己，那些超出個人經濟實力的消費行為，會綁架你的生活。如果透支了當月的支出費用，那麼花在買衣服、社交上的錢就所剩無幾。也許一開始你能從新產品中獲得超值的消費體驗，但是用不了多久就會習以為常，而接下來要承受經濟拮据的煩惱。

生活中，大部分人都是理性的，權衡利弊之後選擇適合自己的生活方式。在許多人眼裡，那些獨身者似乎屬於另類，其實他們這樣做是理性思考之後的最優決策。他們在自己承受範圍之內選擇最符合心理認同的活法，是一個理性經濟人應有的行為。

獨身也許是一種被迫選擇的結果，卻也是一種最優決策。或許情感的東西更難掌控，選擇獨身的人便從其他方面找到精神寄託與安全感。這樣即便孤單，也不至於太落魄。「如人飲水，冷暖自知」，有時候你覺得別人終生未婚很孤獨，但是也許他們已經讀了幾千本書，和曾經的先

賢大哲日日對話，相互切磋。也許你覺得那些整日發著朋友圈的人有人陪伴，但是有時候那只是表象。適合自己的才是最好的，無所謂孤獨不孤獨。

聰明的人總是有自知之明，懂得控制自己的欲望。他們能從客觀和長遠的角度分析到底需要什麼，進而做出最適合自己的決策。很多獨身的人不是因為自己不夠優秀，而是因為太過優秀，讓別人望而卻步的同時，自己也把事情分析得過於理性化。

【經濟學解讀】...

在經濟學上，最優選擇其實是一個取捨的過程，即選擇真正自己需要的，放棄那些華而不實的東西。獨身並不是什麼見不得人的事情，用便宜的手機也不丟人，關鍵是根據自身的條件量體裁衣，選擇自己最需要的，而不是別人眼裡最好的。

缺乏安全感的恐懼

　　為了累積資本，人們必須未雨綢繆：他們必須「等待」和「節省」，他們必須為將來而犧牲現在。

　　現在離婚的人越來越多，離婚後放棄再婚的人也與日俱增。很多時候，一個人離婚不是因為感情不在了，而是因為失去了初心，沒有了安全感。

　　就像電視劇中的女主角和男主角，感情還是有的，但是兩個人所需要的東西卻不一樣了。男主角需要一個溫柔懂事，既能持家又能獨立的妻子，而女主角只是一個持家的女性。當初因為男主角的一句承諾放棄了職業生涯，女主角把自己的青春都獻給了家庭；然而當男主角成功以後，卻發現自己不需要或者不喜歡女主角現在的樣子了，於是選擇出軌，而後離婚。

　　女主角的青春就是她的隱成本，把自己的成本全部投給男主角，但是後者利用這些成本獲得成功後隨時都可以抽身離去。因為男人隨著年齡的增長升值，但是女人卻相反，基本隨著年齡的增長在貶值，無論是身材還是樣貌，女性很多時候都是在吃青春飯。

　　如果青春的時候把自己的成本都給了別人，那麼她只能祈禱對方是一個忠誠的人。相反，如果選擇把青春投資在自己身上，實現保值增值，雖然同樣會面臨年齡增大、身材退化，但是起碼手中握有生存的資本，內心更安全。於是，許多都市女性以我為主，絕不屈服於感情，成

了經濟獨立的大齡單身女。

對婚姻中的女人來說，魚和熊掌很難兼得，既顧家又能賺錢的女性更能掌控自己未來的命運。因此，任何時候都不要放棄自我成長，不要丟掉賺錢的能力，否則一旦離婚就喪失了與男人談判的籌碼，讓人生陷入危險之地。

離婚固然是一件可怕的事情，但是離婚之後自己一無所有才是更可怕的。同理，有時候女性拒絕一個男性的求愛不是因為對方不夠優秀，而是因為對方不能給她足夠的安全感。

曉雯曾經是一家出版社的編輯，當初因為婚姻放棄了成為總編的機會。男朋友從高中開始就追求曉雯，承諾給她一個幸福忠誠的婚姻，讓她婚後在家做全職太太，照顧老人和孩子，完全不用操心賺錢的事。

在出版社上班的時候，曉雯和丈夫已經有孩子了，她確實覺得一邊上班一邊照顧家人身心俱疲。更重要的是，她與丈夫相處十多年了，完全相信眼前這個人，於是果斷放棄了升職機會，選擇做一個全職太太。她還記得自己離開公司的時候，同事們眼裡既是惋惜又是羨慕的樣子。

曉雯確實成了賢內助，丈夫也確實兌現了當初承諾，讓家人過上了富足的生活。但是，曉雯越來越迷茫，感覺自己每天就像養殖場裡待宰的動物一樣，除了吃喝之外，無所事事。出去逛街的時候，她發現自己已經不再是青春靚麗的少女，於是重新審視為未來的人生。

有一天，曉雯去丈夫的公司送一份檔案，看到那些青春、有活力的大學生縈繞在丈夫身邊，她才有了危機感。於是，她重新拿起書本，自學考研，畢業之後到一家學校教書。雖然已經不再有少女的模樣，但是曉雯成了一個知性女人，變得更有魅力了。

當對門鄰居家的女主人與丈夫鬧離婚，一片昏天黑地的時候，曉雯

已經完成了華麗的蛻變，內心更加充實和豐盈。現在，丈夫下班後早早回家，兩個人的話題也開始變多了。

很多時候，女人會從男人身上尋求安全感。因為她們一般被視為弱勢群體，無論是從身體上還是精神上，相對來說都是弱於男人的。但是安全感這種東西不是一勞永逸的，它就像一輛車，你買來了就要經常清洗，按時做維護，才能保證壽命和品質。如果你以為得到了就是一輩子，就可以放心了，顯然大錯特錯。婚姻尚需經營，更何況是虛無飄渺的安全感。

很多女性看到親朋好友的淒涼收場，依然選擇將青春投資在自己身上，而當自己小有成就的時候，也成了大齡單身女。男人都喜歡比自己弱的女性，這促使很多人對功成名就的大齡剩女敬而遠之。對大齡單身女來說，問題不在於打拚奮鬥，而是沒有處理好努力工作與戀愛、結婚的關係。顯然，把二者對立起來是不明智的，既投身奮鬥浪潮，也享受兩個人的世界，才值得稱讚。

對婚姻中的當事人來說，離婚帶來的是什麼？很多時候受傷最大的是女性，因為男性從一開始就是作為家庭的棟梁在外面打拚，而且隨著時間的增長變得越發成熟和成功，所以即便離婚了也不可怕。但是對女性而言，離婚可能是一場災難。對女性來說，家就是她們的一切，一旦家庭破裂了，那麼她們就失去了一切。如果沒有經濟獨立，容顏也因為時間和操勞變得不再光鮮，那麼女人失去了吸引力，會變得孤苦無依。

其實，對男女雙方來說，安全感都是不可缺少的。無論選擇單身，還是身處婚內，讓自己變得更有價值，實現經濟獨立，永遠是第一位的。即便有一天愛人離你而去，你也不會輸得一無所有，起碼還有重新來過的資本和底氣。

【經濟學解讀】...

　　婚姻也是一場投資，而且是一場以全部身家作為資本的投資。選對了投資對象，無論是成為職業女性還是家庭主婦，都是讓人羨慕的人生贏家；選擇錯了對象，可能這一輩子就毀了。

　　投資的時候應該把資本投給安全感，什麼能夠持續地給自己帶來安全感就投資什麼，並且不要把雞蛋放在一個籃子裡。既要給家庭投資，也要給自己投資，至少保證自己不會貶值。

虛榮心帶來的危機

當我們以活動來衡量欲望,而欲望成為激發活動的動力時,這並不是說,我們認為一切活動都是有意識的,而且是深思熟慮的結果。因為,在這一點上,像在其他各方面一樣,經濟學把人看作正像他在日常生活中那樣:在日常生活中,人們並不預先考慮每一活動的結果,不管它的推動力是出自人們較高的還是較低的本性。

很多人認為,單身至少是一件很省錢的狀態,因為一個人吃飽了全家不餓 —— 不用每天擔心房貸、車貸、孩子,還有老婆的各種花銷,然而事情並沒有看上去那麼美好。

單身確實是一種低成本的生活方式,吃飯都可以少付一個人的錢,但是單身人士也有很多應酬。比如,親戚朋友的婚禮,還有孩子的滿月,這都是只出不回的支出,而且很多時候出多少份子錢不是自己決定的,而是別人決定的。大家出多少,你也要出多少,不然顯得不合群,給少了顯得沒面子,給多了又像是故意顯露什麼。

與好友聚餐買單的時候,有家室的人總會以各種藉口推辭,什麼家裡有老人啊,老婆花銷大啊,孩子要上學啊,要還房貸啊車貸啊,然後單身的人就不好意思讓對方買單了,於是慷慨付錢。這其實是虛榮心在作怪,很容易導致個人財政赤字。

虛榮心是一個很可怕的東西,它像一個氣球越吹越大,吹到極限的時候會爆掉。最重要的是,虛榮心永遠不會被滿足,直到自己真正得到

教訓才有所領悟。單身的人少了家庭開支，缺乏理財規劃，因此花錢大手大腳。平時喜歡打腫臉充胖子，最後花光了口袋裡的錢，吃盡苦頭的是自己。

趙樂是一家公司的中層主管，快三十了還沒結婚，月薪一萬多。這在一個小城市雖然算不上多好，但是至少吃穿不愁了，更何況他還是單身。然而，每個月除了給父母一些生活費，自己手中所剩無幾，這是怎麼回事呢？

於是，他從這個月開始記帳，看看自己的錢到底花到哪兒了。到月底拿出記帳單，除了正常的吃穿、交通費，還有給父母的生活費，最大的支出就是請客吃飯。隔三差五請同事和朋友吃飯，甚至在一些中上等地方消費，讓趙樂成了月光族。

對此，趙樂很無奈。平時習慣了大手大腳，而且親戚朋友知道他收入不錯，所以聚會的時候一般都是趙樂主動買單。以後終究要結婚，還要父母養老問題，必須有點存款以備不時之需。如果每個月都攢不下錢，以後會很被動，到頭來便宜了別人，倒楣的是自己。

於是從第二個月開始，趙樂開始減少不必要的社交，能推掉的就盡量推掉，如果實在推脫不了也盡量避免全部都由自己買單。大家習慣了趙樂買單，突然發現他不主動結帳了，大家就開始抱怨，不就是請客吃飯嘛，這麼小氣。於是他又得罪了一些人，弄得自己裡外不是人，鬱悶不已。

趙樂的情況並非個案，這個情況在人情社會很普遍。社交是生活中很重要的一環，大家看重面子也順理成章。然而，一個人僅憑自己的實力支撐不起想要的面子，反而處處陷入被動。做一個理性人，學會花錢確實是一門很深的學問。

第七章
偉大是需要時間累積而來的

　　一項調查顯示，大學生中有超過半數的月消費超過 8,000 元，有的甚至一個月超過 4 萬。除了正常的吃穿之外，最多的就是各種交際、應酬，以及購買昂貴的數位產品，盲目比較愈演愈烈。

　　對單身人士來說，因為善於理財過著獨立、富足的生活，令人豔羨。但是，如果因為收入拮据，或者亂花錢而導致財政赤字，那麼這樣的人生就太悽慘了。一個人不管出於什麼原因單身，都應該為自己考慮，為將來早做打算。雖然當下吃穿不愁，可以賺多少花多少，但是以後自己慢慢老了，身體不行了怎麼辦呢？告別虛榮心，活得踏實、理性一些，人生才會更加遊刃有餘。

　　在經濟學上，財政赤字又稱「預算赤字」，指一國政府在每一財政年度開始之初，在編制預算時在收支安排上就有的赤字。財政赤字是財政支出大於財政收入而形成的差額，顯示出現了虧空。對個人來說，入不敷出代表財務狀況出現危機，變得不安全了。

　　對單身人士來說，控制好支出是實現財富自由的基礎，是享受人生的關鍵。正常的社交應酬是應該的，但是不能過分透支，浪費不必要的錢財。已婚人士有周詳的理財規劃，夫妻互相監督，讓家庭財務變得更安全。單身男女選擇獨自面對一切，並非不需要家庭理財，反而變得更重要了。

　　相比婚姻內的男女，單身男女面對的各種風險反而更大。因此，如果因為虛榮心導致財政赤字，只能說明你是一個不成熟、不理性的人。讓自己變得更好，首先從財務安全開始，一個財力匱乏的人在生活中會喪失話語權、選擇權，甚至得不到應有的尊重。面對外部強大的競爭壓力，你又如何去抗爭？

【經濟學解讀】...

　　虛榮心在市場上就相當於奢侈品，你用高價把它買回來，但是發現它除了贏得他人虛偽的讚美，沒有任何價值。而你當初為了買它，卻付出了相當大的代價，隨後它成為生活中的雞肋，「食之無味，棄之可惜」。明智的單身者放棄虛榮心，選擇歲月靜好的日子，活出真我。

年齡與婚姻壓力

欲望是無止境的多種多樣，但每一個別的欲望卻是有其限度的。人類本性的這種平凡而基本的傾向，可用欲望飽和規律或效用遞減規律來說明：一物對任何人的全部效用（即此物給他的全部愉快或其他利益），每隨著他對此物所有量的增加而增加，但不及所有量的增加那樣快。

年輕的時候總是認為時間還有很多，許多事情等著要做，所以不著急戀愛、結婚，肆意揮霍自己的青春。突然有一天累了，停下來休息的時候才發現，當初一起瘋狂的人大多已經結婚生子，只有自己還不知所謂地玩得很嗨。

現在，很多單身年輕人逢年過節都不願意回家，受不了親友好無休止地盤問，然後安排相親。年輕人有自己的想法，有的想先把事業安定下來再結婚，有的擔心養活自己都成問題，哪裡有能力養家呢？於是，他們在拖延中年齡越來越大。

隨著年齡增大，結婚的壓力也隨之變大，而事業帶給自己的成就感和光環也開始慢慢變得黯淡。一個人無論多麼努力，取得怎樣的成就，如果沒有結婚生子似乎就是失敗。即使有的人一開始堅定要單身一輩子，然而慢慢地也會被現實打敗，渴望一段感情和一個穩定的家庭。

對推遲結婚的單身男女來說，年紀越大，結婚壓力越大。這類似於經濟學上的邊際遞減效應，反映了個人不婚的資本和收益銳減。在其他條件不變的情況下，如果一種投入要素連續地等量增加，增加到一定產

值後，所提供的產品的增量就會下降，即可變要素的邊際產量會遞減。對此，**德國經濟學家戈森**[40] 提出了一個有關享樂的規律：同一享樂不斷重複，則其帶來的享受逐漸遞減。

單身男女享受一個人的自由和快樂，這種興奮感和享受會隨著時間的推移減弱，而渴望伴侶、家庭的意願會增強。另一方面，單身男女年齡越來越大，可供選擇的結婚對象越來越少，如果自己經濟實力不足，那麼結婚的難度會成倍增加。

● 單身越久越難找到合適的精神伴侶

許多單身男女並非選擇獨身，而是在一定時期內保持單身。對許多人來說，婚姻仍然是他們的最終歸宿。然而隨著年齡增大，他們找到合適的精神伴侶變得越來越困難。

選擇合適的伴侶意味著房間裡由一個人變成了兩個人，無論是快樂還是痛苦都會有一個和自己一起分擔。遇到困難的時候，有一個始終站在自己這一邊，不求任何回報地給予幫助；生病的時候，有人照顧自己；辭職的時候，有人給予鼓勵。然而，一個人單身久了就不善於與親密的異性打交道了，即便兩個人相愛，和諧相處的能力也會退化。如果兩個人在一起沒有共同語言，怎麼可能結婚生子呢？

一個不容忽視的問題是，許多單身男女一個人過了許多年，並非享受這種獨居生活，而是因為與異性溝通能力差導致不會愛一個人，也無法得到他人的愛。顯然，這一點是致命的。對他們來說，想找到合適的

---

[40] 德國經濟學家赫爾曼‧海因裡希‧戈森 (Hermann Heinrich Gossen，1810-1858 年) 是邊際效用理論的先驅，1829 年至 1833 年先後在波恩大學學習法律和公共管理學，畢業後曾當過律師、地方政府稅務官。退休後，他與人合辦過保險公司，後退出經營，專心致力於經濟學研究與寫作。

精神伴侶，告別單身生活，首先要邁過自己這一關。

尤其是一個人習慣了獨居，讓其重新適應兩個人的生活會難上加難，這讓結婚變得比登天還難。從邊際遞減的角度看，這意味著一個人溝通能力、相處能力的退化。

● 單身久了讓延續後代變得緊迫而困難

中華文化的傳統觀念是「不孝有三，無後為大」，即便大齡結婚也無所謂，但是一定要生孩子，養育後代。一個人從生下來那一刻起，命運就不再是自己一個人的，而是與家庭、社會息息相關。

站在家庭的角度看，結婚生子是為了生命的延續。大齡單身男女在推遲結婚的這段時間必然遭遇家人催婚，一個重要原因就是擔心結婚晚了影響生育。從醫學健康角度考慮，確實存在這個問題，而單身男女也心知肚明。所以，如果他們是被單身，那麼結婚生子的壓力會比外界想像的更大，甚至讓他們陷入焦慮。

此外，晚婚晚育的大齡單身男女即便有了孩子，還面臨一個養育孩子成人的問題。隨著年齡增大，他們必須確保經濟上、健康上不出問題，才能將孩子撫養成人。但凡中途出現任何紕漏，都是他們無法承受的。早結婚生孩子的人在 50 歲前，就把孩子送進大學了，但是晚婚晚育的單身男女卻要至少在 60 多歲的時候才能完成這一使命。這些問題都是一種無形的壓力，讓單身男女心力交瘁。

總之，對大部分單身男女來說，最後終究要結婚生子。但是隨著年齡增長，結婚的壓力確實會變得越來越大，不只是年齡上的壓力，更多的還是物質上和精神上的壓力。有的晚婚者早年投身工作和事業，結婚時已經小有成就，那麼生活品質會大大提升，以後養育孩子都不成問

題。然而也有一些人屬於被動單身，到了結婚的時候仍然毫無建樹，那麼生存壓力會大增。

有些單身男女堅持晚婚是出於迫不得已，他們其實是在以時間換空間，或者說是進行賭博——賭自己若干年後工作或事業有起色，實現財富自由。如果賭贏了，他們就有足夠的資本順利結婚生子；如果賭輸了，往往讓自己變得更加被動。隨著年齡增加，但是個人財富沒有改觀，邊際遞減效應讓他們迅速貶值，導致在婚姻市場上無人問津。

【經濟學解讀】...

所有的東西都會有一個保固期，新鮮的時候是價值最大最美好的時候，隨著時間的流逝，越接近保固期價值就會越小，直到快要到保固期的時候被拿去打折銷售。也有一些東西會隨著時間變得價值越來越大，比如酒的時間越長越香。

但是，人終究是會消逝的生物，所以應該抓住最美好的年華，做好最應該幹的事。單身很自由，但是婚姻也有另一種美好，不突破邊際遞減效應的底線，在資本尚存時完成結婚生子的重任，才是明智之舉。

以「霍布森效應」來解釋婚姻

人類的欲望和希望在數量上是無窮的，在種類上是多樣的：但它們通常是有限的並能滿足的。

很多時候，人們做出一項選擇其實是被迫的，因為根本就沒有其他選擇的餘地，你只能這麼做。許多人到了結婚年齡，順理成章地走進婚姻的殿堂，有的是因為真愛，有的是因為「該結婚了」。

選擇將就結婚的人，賭上了自己和未來，日子也能過得有聲有色；不肯將就的人，推遲了結婚年齡，成為單身男女，他們不肯拿自己的幸福做賭注，期待將來遇到對的人。對於這種現象，可以用經濟學上的「霍布森效應」進行闡釋。

1631 年，英國劍橋商人霍布森從事馬匹生意。他在宣傳中說：「任何人買我的馬或者租我的馬，絕對保證價格是最便宜的，並且可以隨便挑選。」霍布森的馬圈很大，馬匹很多，但是馬圈只有一個小門。

這就出現了一個有趣的現象，高頭大馬出不去，能出來的都是瘦馬、小馬，結果買馬的人左挑右選，最後牽走的不是瘦馬，就是小馬。大家挑來挑去，自以為做出了滿意的選擇，結果可想而知 —— 只是一個低階的決策結果，其實質是小選擇、假選擇、形式主義的選擇。

從上面的故事可以看出，如果一種選擇是在有限的空間裡進行，那麼它就是有限的選擇，無論如何思考、評估與甄別，最終得到的都是差

勁的結果。於是，管理學家西蒙把這種沒有選擇餘地的選擇嘲諷為「霍布森效應」。

在經濟自由、觀念開發的時代，年輕人有了更多自主選擇戀人的機會。但是你選擇別人的同時，別人也在選擇你。如果自身條件不夠、實力不足，那麼心目中的戀人就無法從夢想成為事實。許多人在選擇結婚對像這件事上，不肯進行「霍布森效應」，不肯在一段將就的婚姻中賭上自己和未來，於是一再推遲了結婚年齡，成為大齡單身者。

婚姻是一場賭博，要想保全自己，最保險的肯定是不賭。不賭意味著單身，也是一種無奈之下的沒有選擇餘地的選擇。因為婚姻這場賭博對很多人來說可能根本賭不起。

生活中，離婚率的不斷攀升和出軌事件的習以為常，讓很多年輕人對婚姻望而卻步。越來越多的人面對婚姻，要麼越來越謹慎，要麼越來越隨便。越來越謹慎的人變成了大齡男女青年，越來越隨便的人推高了離婚率，甚至成為出軌人群中的積極分子。

越來越多的人選擇不去做那個賭徒，選擇做吃瓜群眾，遠遠地看著別人結婚。對婚姻美滿的人，很文藝地用文字總結一下；對婚姻破裂的人冷眼旁觀，冷嘲熱諷一番，然後對自己選擇單身的明智做法進行一番自我表揚。

也有人認為，兩個人如果有幾年的感情基礎也許會好一些，最起碼不至於離婚。然而，即使戀愛時愛得死去活來，也同樣要面對漫長的婚姻生活，也同樣需要下賭注，決定是否和那個人生活一輩子。至於以後的生活是否幸福，完全是一個未知數。有的人賭贏了，即使開始吃一些苦，也會苦盡甘來，過上幸福恩愛的生活；有的人賭輸了，激情隨著時間慢慢消耗殆盡。

第七章
偉大是需要時間累積而來的

　　小莫師範畢業的時候，長相甜美，溫婉而有才華，是小夥子夢寐以求的對象。當初，男朋友家境貧寒，剛從一所大學畢業，薪資不高，還要為父母分擔憂愁，補貼正在上學的弟弟。

　　是否跟男友結婚，小莫有些猶豫，但是媽媽對她說：「千萬不要看眼前，這是一個優秀的小夥子，人品極佳，又才華橫溢。雖然眼前生活有些困難，但是窮不扎根，富不結果，別說拿出一部分錢供弟弟上學，就是拿出全部薪資也應該。」

　　於是，小莫在媽媽的鼓勵下結婚了。婚禮那天，天寒地凍，場面很寒酸，當時別說婚紗，就是小莫的婚禮化妝還是同事幫忙解決的。一晃快十年過去了，那個寒酸的小夥子早已成了部門主管，而且工作踏實，口碑極好。小莫和丈夫養育了一個兒子，小日子過得甜蜜幸福，這也許就叫苦盡甘來吧！

　　許多人之所以把婚姻看得太重，陷入糾結之中，主要是在用賭博心理做出結婚的決策，而不是用愛成全對方，也成就自己。無論窮困還是富足，最主要的是人品好，能夠同甘共苦，能夠知冷知熱，其他附加條件都占據次要位置。如果有人能真心地疼你一輩子，那大概就是最大的幸福。

　　隨著時代進步，人們的觀念也在跟著改變。很多以前非常重要的東西現在變得不再重要，而以前可有可無的東西，卻被視若珍寶了。這也許是一種幸運，也許是一種無奈。對單身男女來說，要麼早點下賭注，開始家庭生活；要麼不賭婚姻，選擇賭自己，未來幾年在事業、財富上有較大改觀，或者遇到那個對的人。試一試運氣，試一試自己的能力，即便真的失敗了，大不了還是一個人。

【經濟學解讀】...

從市場經濟的角度來看，婚姻這場賭博就像買保險一樣，將來在人生各個關口有人商量、相互扶持。如果選擇暫時不買，你就要加倍努力奮鬥，將來有晚婚的資本的底氣。

「霍布森效應」是沒有選擇餘地的選擇，表明許多時候要面的人生的無奈。選擇早結婚未必不幸福，選擇單身未必更快樂，最重要的是做好自己，熬出偉大的人生。

附錄

參考文獻

[01] 《單身社會》，2015 年 2 月

[02] 《為什麼剩女不結婚》，2010 年 8 月

[03] 《宅男盛女經濟學》，2013 年 4 月

[04] 《我為什麼不結婚》，2016 年 7 月

[05] 《相親費用誰買單》，2014 年 8 月

[06] 《30 歲前結婚就傻了》，2013 年 1 月

[07] 《美女經濟學》，2010 年 10 月

[08] 《單身女人與白馬王子》，2014 年 1 月

[09] 《每天學點經濟學》，2010 年 10 月

[10] 《單身戀習題》，2013 年 5 月

[11] 《單身日記》，2016 年 7 月

[12] 《寫給單身的你 - 如何通往自己想要的幸福》，2015 年 8 月

[13] 《單身》，2015 年 7 月

[14] 《一個人住的好時光 - 給單身女性的獨立生活指南》，2013 年 11 月

[15] 《單身更快樂》，2013 年 8 月

[16] 《單身女王》，2011 年 5 月

[17] 《一個單身女人要做的 50 件事》，2011 年 8 月

[18] 《中國單身女性調查》，2010 年 9 月

[19] 《女人 30 正單身》，2010 年 7 月

[20] 《單身公寓 - 中小戶型》，2010 年 4 月

[21] 《單身中產女孩那些事兒》，2009 年 2 月

[22] 《單身貴族理財經》，2008 年 10 月

[23] 《上帝也單身 - 單身的 26 個理由》，2008 年 10 月

[24] 《輕鬆學點經濟學》，2017 年 6 月

[25] 《經濟學視角下的人類社會》，2017 年 6 月

用經濟學看愛情，金錢、情感與人生的微妙平衡：

解構單身族群帶來的經濟效益，挖掘獨立生活中的金錢智慧與商機

作　　者：何紅旗

發 行 人：黃振庭

出 版 者：財經錢線文化事業有限公司

發 行 者：財經錢線文化事業有限公司

E-mail：sonbookservice@gmail.com

粉 絲 頁：https://www.facebook.com/sonbookss/

網　　址：https://sonbook.net/

地　　址：台北市中正區重慶南路一段六十一號八樓815
　　　　　室

Rm. 815, 8F., No.61, Sec. 1, Chongqing S. Rd., Zhongzheng Dist., Taipei City 100, Taiwan

電　　話：(02)2370-3310

傳　　真：(02)2388-1990

印　　刷：京峯數位服務有限公司

律師顧問：廣華律師事務所 張珮琦律師

- 版權聲明 -

定　　價：350 元

發行日期：2024 年 05 月第一版

◎本書以 POD 印製

Design Assets from Freepik.com

國家圖書館出版品預行編目資料

用經濟學看愛情，金錢、情感與人生的微妙平衡：解構單身族群帶來的經濟效益，挖掘獨立生活中的金錢智慧與商機 / 何紅旗 著 . -- 第一版 . -- 臺北市：財經錢線文化事業有限公司 , 2024.05

面；　公分

POD 版

ISBN 978-957-680-885-2(平裝)

1.CST: 經濟社會學 2.CST: 消費 3.CST: 獨身

550.16　　113006112

電子書購買

臉書

爽讀 APP